JN076602

西部邁が支持したアメリカ映画論

寺脇 研 著

鹿砦社

西部邁が支持したアメリカ映画論

寺脇 研

刊行にあたって

「寺脇君、この連載は本にしなければいかんよ」

西部邁先生にそう言われて、驚いた。先生の求めに応じて『表現者』に連載中だった文章ではあるものの、本として刊行するに値するとは自覚していなかったからだ。

そう申し上げると、

「いや、僕が価値を認めてるんだ」と、実際にも、いくつかの出版社に話を持ちかけてくださったようである。

「いろいろやってみたんだがねえ、どこも、出版不況で……とかなんとか言うんだよ。ものの価値がわかってない奴ばかりだ」と謝られて、かえって恐縮する。出版不況は方便で、実際はわたしの文章にそれだけの力がないと思われた結果だろう。

今思えば、先生がそう言い出したのは二〇一七年の初め頃だった。亡くなる一年前である。その頃すでに、先生は自裁のスケジュールを頭に浮かべていた。一六年あたりから、たびたびご一緒した内輪の酒席で決意を聞かされ、その都度、僭越とは自覚しつつ翻意をお願いしては、

「黙れ！　僕の決めたことなんだ。君たちにはわからん」とお叱りを受けたものだ。

ご自分がこの世から去るに当たり、不肖の弟子に餞(はなむけ)を贈ろうと、出版の話を考えてくださったのだと今にして思う。ありがたい話である。

一七年の夏頃、ある大手出版社の若い編集者から連絡があった。わたしの連載をテーマ別に編集して出版することを検討したいとの申し出だった。早速先生にご報告すると、大層喜んでくださった。まだ、その編集者の出す企画段階で、決定には多くのプロセスを要するのだが、話が来たことだけでも喜んでいただけたのは光栄というしかない。

先生は、是非その企画を立てた若者に会いたい、と一席設けてくださるほどだった。先生、『表現者』連載担当編集者の西部智子さん、若い編集者、わたしの四人ですき焼き鍋を囲んだ宴席を忘れられない。もちろん、出版実現までに高いハードルが存在することを承知している編集者とわたしは恐縮する。

「そんなことは、わかってる。この連載に目をつけてくれたことがうれしいんだよ」と先生は上機嫌で盃を重ねていた。

果たして、この企画は社長ご臨席の会議にまで上がったものの、ボツになった。申し訳ないご報告をしたわたしに、先生は、

「あの会社の上の方にはわからないんだろうなあ」と嗤っていたっけ。

先生、やっと本になりました。しかも、先生ともご縁の深い鹿砦社からです。

西部邁が支持したアメリカ映画論

目次

5章 勝　者〈Winner〉

6章　差　別〈Discrimination〉

本書は『表現者』で一〇年間にわたって連載されたものを再構成し、新たに加筆訂正したものです。

※作品名の後は制作年度と監督名。末尾は『表現者』の掲載号。

プロローグ

二〇〇一年九月十一日、アメリカ同時多発テロ事件を、自宅のテレビでリアルタイムに目撃した。平日で、文部科学省の役人だったわたしは、普段は日付が変わってから家に着くのが常なのに、その日はなぜか午後一〇時少し前に帰宅したのである。

すでに夜のＮＨＫニュースの画面は緊迫しており、アナウンサーが昂奮も露わに状況を伝えていた。ほんの少し前に、ニューヨークの世界貿易センタービルに大型旅客機が激突し、爆発的な火災が起きているという。未曾有の飛行機事故？　盛大に煙を上げる超高層ビルの映像を見て、誰しもがそう思っただろう。日本時間の夜は、現地だとまだ朝の出勤時間帯を過ぎたあたり、さぞ多くの人々が巻き込まれたに違いない。

……と、次の瞬間、もう一機の旅客機がテレビ画面に現れ、吸い込まれるように、もう一棟の高層ビルに突っ込んでいったのである。まさに、目の前で起きている出来事だった。これは事故じゃない。明らかに自爆攻撃ではないか。それを旅客機で？　誰が？　何のために？　激しい勢いで頭の中を疑問が駆け巡った。

真相は、ご存知の通りだ。過去に一度たりとも自国主要都市を大規模攻撃されたことのないアメリカが、三千人近い死者を出す被害を受けてしまったのである。これから世界はどう動いていくのか。攻撃してきた敵に対してアメリカが報復しないはずがない。相手がどこかによっては、第三次世界大戦となる恐れだってあるではないか。

それからの展開は、今さら述べるまでもない。幸いにして世界全体を巻き込む争乱とまではいかなかったものの、アメリカの「テロとの戦い」と称するアフガニスタン紛争、さらにはイラク戦争と、次々新たな戦争が始まっていく。

その一方で、あの９・11直後、わたしには理解できない二つの事柄があった。

第一は、翌朝の報道以降氾濫した「まるで映画みたい」「映画かと思った」というコメントである。日本だけではなく、世界中のメディアにこの言葉が飛び交った。

え、映画？　何千本もの映画を観てきたわたしに、まったく思いつかない視点だった。だって、そんな映画観たことがない。しばし考えて思い当たる。わたしが観た何千本はすべて日本映画なのだ。ゴジラのような怪獣が街を破壊するものはあっても、謎の敵が攻撃してきてビルが倒れるなどという代物は、ついぞ存在しないのである。

世界中の人々が既視感を持っているのは、アメリカ映画だったのだ！　それなら合点がいく。事件の場所は他ならぬニューヨークの国際センタービル、凶行に及んだのは謎のテロ組織、そしてビル内にいた人たちが陥る混乱……ハリウッドの作るというパニック映画そのものではないか。

……と、ここまで読んで読者の皆様も疑問を感じているのではないだろうか。こいつ、何千本も映画を観ていて、それにアメリカ映画が入っていないのか？　え？　ひょっとしてアメリカ映画を観たことない？

そうなのだ。本文四二ページに詳述しているように、その時点のわたしは、アメリカ映画を、文字通り数えるほどしか観ていなかったのである。日本の大人でアメリカ映画を観たことのない人は、まず居ない。ところがこちらは、西部劇も、アメリカンニューシネマも、パニック映画も、ミュージカルも、まったくと言っていいほど観たことがないのである。『ジョーズ』も『E．T．』も『タイタニック』も、内容はなんとなく知っていても実際には観ていない。

同時多発テロ事件の時、わたしは四十九歳だった。五十歳近くになるまで、アメリカ映画体験がなかったわけだ。たぶん、相当稀な人間だろう。そんな目から見て、「映画みたい」と思えるわけがない。ここで、アメリカ的（あるいは西洋的）なものに関する自分の感覚が他の人々と違っているのを改めて痛感させられたのである。

——そうか、アメリカ人はしょっちゅうこうした謎の敵からの侵攻を疑似体験しているのか。

映画は疑似体験的要素を持つ。子どもの頃のわたしは、デパート上層階の大食堂でお子様ランチを食べている時、広い窓から見える隣のビルの向こうからゴジラがヌッと現れる妄想を抱いた。東映やくざ映画を観終わって映画館を出る時、知らずのうちに主人公のように肩を怒らせていた経験をお持ちの方も多いだろう。

アメリカ人にとっては、アルカイダという謎の敵が、本当にニューヨークに現れジェット旅客機で超高層ビルを破壊したのだ。宇宙からの侵略でさえ撃退したわが軍事力は、彼らに鉄槌を加えねばならない！となるのは当然の流れじゃないのか。……と思っていると案の定、国を挙げて「テロとの戦い」が叫ばれ、アルカイダ殲滅のためのアフガニスタン侵攻だけでなく、アルカイダ支援や大量破壊兵器の存在という言いがかりをつけてのイラク戦争へまで突き進んでいく。

たしかに、三千人近い市民を無差別に死なせたテロは許されるものではない。犯行組織を追及し、然るべき制裁を加えようとするのは妥当だろう。しかし、そのためにアフガニスタンという主権国家に介入し、ましてやイラクという直接アルカイダと関係ない国に戦争を仕掛けるのは、テロと同様に問題のあるやり方ではないだろうか。

わたしは、アメリカのやり方に双手を挙げて賛成という考えにはなれなかった。ところが……ここで二つめの理解し難い現象が起きる。日本国内にまで、アメリカに同調する気運が広がったのだ。え？　何で？

テロを憎み非難するところまではわかる。だが、「テロとの戦い」に日本も参戦しろ、とか、アルカイダを武力でぶっ潰せ、とか、アフガニスタンやイラクのアメリカ軍を憲法上許される範囲の最大限で自衛隊に支援させせろ、とかいった論調には、まるで付いて行けないものを感じた。

だって、アルカイダはアメリカという国に対して戦いを挑んだのである。それにアメリカが応戦するのは理解できるけれど、なぜ日本が？　同盟国だから？　この時点では集団的自衛権はまったく認められていなかった。日本のやるべきは、国連や外交の場でテロ行為を厳重に戒める国際規範に与して国際世論を形成していくことであり、また、こうしたテロの背景にある国際間の争点を解決する話し合いを推進していくことではないのか。

同時に、アメリカ国内で流布された「パール・ハーバー」を思い出させるという言説には、五十年も前に平和条約を結んで戦争の過去を清算し今や友好関係にある国との七十年前の戦闘行為を引き合いに出すべきでないと抗議しないのか。

翌〇二年年頭の一般教書演説でブッシュ大統領がイラク、イラン、北朝鮮を「悪の枢軸」と名指ししたのだって、three evilsと呼んでもいいところを、わざわざaxis of evilと、第二次世界大戦における枢軸国（日本、ドイツ、イタリア）を指すaxisを使った点にも、わたしは不快感を覚える。日本はアメリカを友好国どころか同盟国とさえ位置づけて「ポチ」と自虐したくなるほど従順にしているのに、パール・ハーバーや「枢軸」を持ち出すあちらは、それほど親密には思っていないのではないか。

また、あくまで感情的なものではあるが、生命を賭して自爆テロに及んだ若いアルカイダ戦士たちの彼らなりに純粋な思いを想像してみたくなる。テロ行為は断じて許されないとしても、そこに至った若者たち個人の人間ドラマには普遍性を感じるからだ。そうすると、わたしたちが日本の戦争映画で何度も疑似体験してきた特攻隊員をどうしても想起してしまう。事実、アメリカをはじめ多くの国のメディアは、旅客機を使ったアルカイダの自爆攻撃をkamikazeと表現していた。

なのに、日本の保守を自称する人々の中には、当時東京都知事の石原慎太郎など、「神風とテロはまったく違う」と両者を峻別することにより、特攻隊は崇高でアルカイダは「不逞の輩」と蔑むべき存在とする論調があった。これはまるで腑に落ちない話だ。

こんなのが我が国の保守の考え方なんですか？ 世に訴えたかったが、冒頭にも書いたようにわたしはまだ国家公務員で、アメリカ批判も都知事批判も公には行えない。仕方なく、酔っ払いの独り言として酒場で呟いていたら、「その通りだよ！」と大きく相槌を打ってくれた方が居た。

西部邁先生である。

西部邁といえば、この国きっての反米論客ではないか。幼少期に占領下の日本を生き、六〇年安保世代で学生時代には反米闘争の先頭に立ち、学者になってからアメリカでの生活も体験した上で、保守を自任するようになっても最後まで反米を貫き通した。『アメリカの大罪』という著書もある。

この鹿砦社から出た本でも、『鬼畜米英　がんばれサダム・フセイン　ふざけんなアメリカ』（03　木村三浩責任編集）には『発言者』〇二年一〇月号の木村三浩との対談「『イラクの正義』と『日本の正義』」、『スゴイぞ！ プーチン　一日も早く日露平和条約の締結を』（17　木村三浩編著）には『表現者』69号掲載のシンポジウム「米中露外交をいかに展開させるか」（登壇者／馬渕睦夫・木村三浩・西部邁・富岡幸一郎）が収録され、舌鋒鋭く痛烈なアメリカ批判を繰り広げている。

その反米思想は、中国や韓国を無闇にこきおろすネトウヨなどとは違い、存分にアメリカを知り、アメリカを学んだ識見に立ってのものだ。トランプが大統領選に立候補した際、日本で当選を予想した識者は少なかったが、先生は、最初からトランプ当選を断言していた。

その西部先生から、思想的に素人同然のわたしが洩らした一言を肯定していただいた。舞い上がってしまい、酒の勢いで、同時多発テロについて感じた前記のあれこれについてひとつひとつ質問するという、考えてみれば随分失礼な仕儀となる。それでも先生には、同意してくださったり、わたしの粗雑な立論を修正してくださったり、いちいち付き合っては面白がって盃を重ねていただけた。

新宿二丁目にあるわたしの行きつけのバー bura は、先生の根城でもあり、それまでに何度も店で遭遇していた。もちろん、畏れ多くてこちらから話しかけることなどできもしない。時々、「君が『ゆとり教育』の寺脇さんか」「僕の周りでは評判悪いよ」「僕は『ゆとり教育』、悪いとは思わんよ」などと、からかい半分に声をかけてくださった程度のお付き合いでしかなかった。

それが、以来、出会うたびに声をかけていただけるようになる。「君は左翼だろう」とわたしの思想の底の浅さをからかいながら、さまざまな教えを頂戴した。たしかに、たいして深い覚悟もなしになんとなくリベラルっぽい思考をしていたから、ご指摘はご尤もだった。教えを生かすべく物事をきちんと考えるよう努め、錚々たる方々が居並ぶ西部人脈の端っこに加えていただくようになる。

〇六年に文部科学省を退職して自由の身となってからは、西部先生が主宰してきた雑誌『表現者』の座談会に出させていただいたり、MXテレビの人気番組「西部邁ゼミナール」にゲストで呼んでいただいたりするようになった。以後、一八年に先生が亡くなるまで、教えを受け続けた次第である。

ちょうど退職した頃、『父親たちの星条旗』『硫黄島からの手紙』二部作（いずれも06　クリント・イーストウッド）が鳴り物入りで公開された。9・11でパール・ハーバーやkamikazeが持ち出されたこととの符合を感じ、これは観なければと思った。大スター俳優でもあるこの監督は、前年の『ミリオンダラー・ベイビー』（05）、前々年の『ミスティック・リバー』（04）も評判だったのだが、そんな点はどうでもよく、9・11以後の世界においてアメリカ映画がどう日米間の戦争を描くのかに極めて強い関心を持ったのである。

観て抱いた感想は、次に特別掲載している対談を読んでいただきたい。西部先生に思いを話したところ、「やっぱりそうか、たぶんそんな代物だろうと睨んでいたんだ」とおっしゃる。では、ご覧になってお話を伺えませんか、とお願いしたのがこの対談である。わたしの企画で、映画雑誌『映画芸術』に掲載された。

こうした視点でアメリカ映画を観て、批判すべきは厳しく指弾することも必要なのではないか、と考えるようになった。小泉純一郎政権以来のアメリカ追随が目に余るようになっていた頃だ。いや、映画界でも、アメリカ映画べったりは元からの傾向だった上にクリント・イーストウッド礼讃が圧倒的だった。政治もそれにつられ、〇九年「春の外国人叙勲」で日本国政府より「映画製作を通じた日本とアメリカ合衆国との相互理解の促進に寄与」とした功績により、旭日中綬章を授与されている。

そう思っていた矢先、西部先生からお声がかかる。『表現者』に、アメリカ映画を材料にした連載を書くように、というのである。前身の『発言者』から続く保守系論壇誌に、たいした思想的覚悟のないわたしが連載を持つなどおこがましい限りなのだが、師の命だから、やるしかない。また、こちらが発案し、お付き合いいただいた『映画芸術』誌の『父親たちの星条旗』『硫黄島からの手紙』対談がきっかけで誌面を割いていただくのだとすれば、さらに是非もない。

〇七年八月発売の第14号から、連載は始まることになる。タイトルについては、編集を担当なさっていた先生の長女である智子さんと相談の上、「55歳、はじめて『アメリカ』を知る」とした。この時、わたしは五十五歳になったばかり。そんな年齢まで映画をはじめとするアメリカ文化に親しまず、その社会の実相を知ろうとしなかった者が、この歳にして初めて深く考察してみようとの気持ちを込めている。

第一回の原稿をしたためるのには緊張した。『表現者』での肩書は「顧問」でも、実質上は総帥だった西部先生に満足してもらえるだろうか。依頼してくださった先生に恥をかかせないような内容を読者に提供できるだろうか。原稿をお渡しし、書き直しのご要求もなくてホッとしているところに、智子さんから電話があり、連載タイトルとは別に今回の文章の題を付けてほしいとの話があった。

実はわたし、文章の題名を付けるのが大の苦手なのである。どんな場合でも、編集者にお願いして考えてもらうようにしてきた。この時も、智子さんにお任せします、で済ませたつもりだった。後日、本が送られてきて、わたしの文章の題名を見れば「プロパガンタの極み、米製人気映画」とある。なかなか尖った文句だ。わたしの述べたかったポイントを端的に表している。

お礼を申し上げげたら、「実は父が付けたんですよ」と聞いて飛び上がった。え、先生が直々に！　わたしの横着な頼みを先生に伝えたところ、じゃあ僕が付けるよ、となったらしい。汗顔の至りだ。

落語に「抜け雀」という噺がある。若い無頼派絵師が、一文無しで泊まり大酒を飲み続け連泊した宿の払いのカタに雀の画を描いて預けたまま去ると、毎朝雀が画から抜け出して空を飛び評判になる。ある日宿を訪れた老絵師が、この画は未熟だとして、雀が飛び疲れて死なないように鳥籠と止まり木を描き加えた。再訪した若い絵師が宿の主人から顛末を聞き、それは自分の父だと明かして己の未熟と思い上がりを恥じる。サゲは、親不孝を悔いる訳として、「親を籠描き（駕籠かき＝駕籠を担ぐ職業の人、下賎な仕事とされた）にした」。

さしずめ、わたしは、「先生を題名付け役にした」師匠不孝なのだ。次にご一緒した時、「君は、この僕に題名を付けさせたんだぞ」と悪戯っぽく難詰され、恐縮のあまり穴があったら入りたい思いをしたのは言うまでもない。本当に汗顔の至りだった。

にもかかわらず、先生は次号からも、そして一七年の『表現者』第一期終了で連載が終わるまで、ずっとそれを続けてくださったのである。本書にも、西部邁が付けた題名をそのままに掲載しているから、そのセンスを味わってほしい。わたしの文章に対する、寸鉄人を刺すエスプリというか、軽い「返歌」というか、雑俳を引き立てる文句「キキ」というか、絶妙の紹介コピーになっている。わたしにとって最初は恐縮の種だったのが、いつしか、心強い応援のフレーズとなった。

「読者から、何であんな奴に書かせるんだ！　と抗議が来るんだよ」とうれしそうにおっしゃるのを伺って、申し訳なく感じたりもした。「バカな保守が書くよりよっぽど面白い、って言ってやるんだ」と歯牙にもかけないご様子なので、お言葉に甘えているうち十年間三十三回にもわたる長期連載になってしまった次第である。

ブッシュからオバマ、トランプと大統領が替わっていった時期に当たる。日本は、安倍、福田、麻生、鳩山、菅、野田、そして第二次安倍政権の期間だ。そんな頃、わたしはアメリカ映画とアメリカという国とに対して何を感じたか。それを、巨人・西部邁はどう受け止め、どんなコピーを作って冷やかしたか。まずは、ご一読いただきたい。

1章

特別対談　西部 邁 VS 寺脇 研

『父親たちの星条旗』『硫黄島からの手紙』は
いかに観るべきか

世論迎合的礼賛にもの申す

SPECIAL DIALOGUE

西部　僕自身、硫黄島（いおうじま）が脳裡にやきついたのは中学二年の時なのですが、驚くべきことに、文部省と日教組の共同推薦による『硫黄島の砂（サンズ・オブ・イオウジマ）』(49)の映画鑑賞会というのがあり、その時、星条旗が摺鉢山に立つ場面で同級生たちの間から一斉に拍手が湧き起こって僕は愕然とした。実は、通路にいた教師が生徒たちを誘導していたらしいんだけれど、その時、僕は直感的になんて奴らだと思った。それ以来、対米属国の戦後日本は許さないという捻れた反日感情が僕にはある。それから、これは偶然ですが、昨年（二〇〇五年）の十二月八日、真珠湾攻撃の日に硫黄島に行ってきたこともあり、僕なりの硫黄島に対する深い思いの系譜がある。そのせいで過剰に反応しているのかもしれないけれど、『父親たちの星条旗』も『硫黄島からの手紙』も期待をはるかに下回る出来栄えで、印象は非常に悪かった。これは老人特有の斜に構えた見方かもしれないけれど、この映画を褒めている人々は心に届いたわけでも頭でしっかり納得したわけでもないのに、皆が良いと言うだろうとの見込みで、自分も良いと言っておこうという雰囲気を感じる。わかりやすく言えば、世論の動きを予め勘定に入れた上での迎合的な礼賛ではなかろうか。僕には、どうしてあんな映画から感動なり納得なりが得られるのかわからない。その最大の理由は次のようなことです。人間にはアメリカ人だろうが日本人だろうが、プライベートマインド（私心）とパブリックマインド（公心）の両方がある。もちろん、普段は私心によって生きている部分が大きいので、戦争に行って死ぬのは嫌だとか、赤紙が来てガックリだという感情も生まれてくる。しかし、次第に歴史の歯車が動き、ある大激戦が始まって、その焦点が硫黄島になった時、上は栗林忠道中将や海軍の市丸利之助少将から下は十七歳の少年兵までを含めた二万余の兵隊が、それがフィクションであることを濃厚に感じつつも、「日本のために」とか「天皇陛下のために」とか言いながら、戦争というものに公心をぐーっと傾けていく。それは遠目から見れば馬鹿気たことかもしれないけれど、歴史を振り返ると、戦争に限らずフランス革命だろうがロシア革命だろうが、当事者たちは自分が納得できるギリギリの壮大な公心のフィクションを共有し合って行動を起こしている。そうしたフィクションの共有に基づいて、絶望的であると同時に感動に値する三十六日間の激戦があったんだとの認識を、この映画は物語の根底に据えていない。それが僕の印象を悪くしている大きな要因です。

寺脇　わたしはまず、観た人すべてが褒める戦争映画などというのは根本的に変だと思う。そもそも戦争は価値観の対立に起因しているのだからいろいろな見方があって然るべきで、全員が絶賛する戦争映画というのは存在自体矛盾している。例えば、わたしの好きな戦争映画を他者が口を極めてけなす。歴史観や戦争観に違いがあればそれが起きて当然です。なのに、老いも若きも右も左も褒めるのはおかしい。邪推すると、クリント・イーストウッドという名前やアメリカをありがたがる風潮が少なからず影響しているのではないか。この映画と寸分違わぬ作品を日本の監督がシナリオもキャスティングもカット割りもすべて同じに作ったとしても、こんな反応は起きなかったと思う。わたしはアメリカ映画はじめ外国映画はほとんど観たことがなく、観るのは日本の映画ですが、日本の戦争映画に対しては甲論乙駁、賛否両論ある。例えば、左翼から戦争映画の名作と言われる『ひめゆりの塔』(53)に批判的な人がいる一方、司馬史観と笠原和夫史観に基づいた『二百三高地』(80)は左翼から見れば好戦映画だということになる。今回の硫黄島二部作に関して『諸君』や『正論』が持ち上げるのはまだしも、左翼系の人たちまでが称賛している。とにかく、皆が手放しで褒めている状況にまず不審な感じを強く覚えます。

西部　アメリカ軍は全体として、およそ六万名の兵で硫黄島を襲っており、なおかつ交代制なので、十万以上の兵士が動員されたことは間違いない。おそらくアメリカは日本の十倍の兵力を動員しており、様々な武力や物資なども勘定に入れると数百倍という規模の戦力だったと思う。硫黄島の戦いに歴然たる戦力の違いがあったことを考えると、そもそも硫黄島を舞台にした戦争映画が作れるはずがない。戦争物であれば、物量的に五分五分ぐらいの戦いでなければ物語にはなり得ないと思う。逆に、圧倒的に不利な戦いを強いられた側にはいくつもドラマの要素はあるだろう。しかし、百倍とか千倍の戦力で襲った側にできるのは、せいぜい星条旗を誰が立てたのかというぐらいの話。つまり、硫黄島を巡ってアメリカ側には歴史的な物語を紡ぎ出す要素がないわけです。だから、『父親たちの星条旗』は硫黄島の話ではなく、圧倒的な戦力で襲った側のちょっとしたエピソードです。そう見る限りにおいては一応の納得はできる。しかし、最も納得できないのは台詞の問題。最近の映画には、一見わかった気にさせられるけれど、真意の掴めないものが非常に多い。その代表的なのが「国のために戦うけれども死ぬのは戦友のためだ」。これが一つの聞かせ文句としてあるんだけれど、これは考えれば考えるほど奇妙。というのも、国を「国民」なり「国史」、「文化」と考えた場合では、個人のパーソナリティは国の歴史や文化によって形成されている面もあるわけだから、それを守るためにすすんで死んでみせることは大いにありうる。逆に信頼できる戦友が状況の変化によって豹変することだってありうる。実際、日本の軍隊では戦友を食うような状況もあった。つまり、そこまで考えていくと「……死ぬのは戦友のためだ」という台詞は安っぽいセンチメンタリズムでしかない。そんな浪花節のようなものを評論家が肯定的に捉えている現象は、ものを考えない人たちが増えていることの表れという気がする。

寺脇　わたしは西部さん同様、『父親たちの星条旗』にはそれほど大きな違和感は持っていません。あの映画は戦争の虚しさ、戦争で英雄に祀り上げられる虚しさのようなものを伝えることにはおそらく成功している。『硫黄島からの手紙』も、戦争の恐ろしさを伝えることには成功しているかもしれない。でも、戦争が恐ろしいのは当たり前で、そこから先に何が描かれているかが重要です。『父親たちの星条旗』では、西部さんの話にもあったように、アメリカ側から見た硫黄島の戦いだから単なる殺戮にすぎないわけです。そこで思い浮かぶのは、例えばイラクに対する空襲。アメリカは安全な場所からミサイルを撃ち込んでから侵攻していったし、ゲリラに捕まった女性兵士が英雄に祀り上げられましたよね。つまり、強国にとって戦争ってこんなものだという話として観れば違和感は少ないし、戦争の虚構性のようなものは描けていると思う。でも、それをやりたいなら、アメリカ人はイラク戦争を映画にすべきだろうと思います。好意的に捉えれば『硫黄島からの手紙』はイラク戦争の暗喩だという見方も可能でしょうけれども、非常に重要な点は、アメリカにとって硫黄島の戦いはある種一方的な殺戮だったということ。そういう事実をわたしたちは知っているけれども、『硫黄島からの手紙』でそうでないかのように描かれているので、逆に日本側で英雄の捏造が起きる危険性があるとさえ思います。

西部　僕もこれが星条旗を立てたのは誰かというエピソードについての映画ならば納得はできる。でも、硫黄島を描くのであれば、上陸時の戦況などもきちんと描く必要があると思う。アメリカ軍は上陸前の三日間に猛烈な爆撃をやっている。それで日本軍は壊滅状態になったと思っていたところ、栗林が作らせた壕が蟻の巣のように三段式に掘られていたから、空爆で死んだ日本兵はたったの九十五人。それで、アメリカ軍が意気揚々と上陸してきたところを日本兵が迎え撃ったから最初の一戦で日本軍は圧勝する。おそらくアメリカ兵は浜辺で千数百名が死んでいるんじゃないかな。

寺脇　ただ、『父親たちの星条旗』で、日本兵はしぶといから油断するなというような台詞は出てきますよね。

西部　アメリカ軍の最初の上陸を撃退した晩、日本兵二万名がこぞって歌を唄ったらしく、それは『愛染かつら』の主題歌『旅の夜風』。下は少年兵から上は四十五歳ぐらいの老年兵まで、そのうちの職業軍人は千名ぐらいで、下士官クラスは学徒出陣だからいわばアマチュアの、きのう、きょうかき集められたような人たちが全滅を予感しながら「花も嵐も踏みこえて」と合唱したわけです。何か、悲しくなる光景です。先ほど、壕の中を描かなかったという指摘があったけれども、壕の外でもそういう出来事が起きていたんですね。つまり、『父親たちの星条旗』にはそうした硫黄島の真実が描かれていない。そこがつまらない。

寺脇　『父親たちの星条旗』は戦争映画というより戦闘シーンが出てくる政治映画みたいな話、硫黄島を巡る政治的な謀略を描いた話だと理解すればいい。

戦場としての「硫黄島」

西部　栗林が掘らせた壕の描写もいい加減ですね。硫黄島は火山島だから、掘ればガス毒水が出てくるはずなのにそういう描写が二部作通して全然出てこない。実際、壕の中は五〇度という苛酷な暑さだったから日本兵は戦闘が始まった時、やっと外へ出られるとほっとしたらしい。

寺脇　確かにその辺のリアリティもないですね。壕を舞台にするのであれば、どうして壕がそこに存在しているのかを描く必要がある。

西部　あの壕を掘り終えるまでに日本兵はガスと栄養失調で次々と死んでいる。だから、戦闘が始まる前に硫黄島は墓標の群れで埋まっていた。なぜそれを描かないのか。

寺脇　あの壕は手で掘るんですよね。しかも一分ごとに交代で掘る。なぜならガスを吸わないように息を止めていられる時間が一分だからなんですね。壕を掘るのは、それぐらい苛酷な作業。なのに、あたかもあの壕が自然に出来たかのようでしかない。

西部　皆が暢気に壕の中で語らっていますけど、本当はそういう場所じゃない。地獄の穴倉なんです。

寺脇　映画に出てくるものについては、なぜそれがその場所に存在するのかを描くのが基本だとわたしは思っています。あの壕は話を成立させるために使われているだけで、いわゆるご都合主義の産物です。

西部　この映画の前半に、雨水を日本兵が蓄えている場面が少しだけありました。実際、硫黄島は火山島で雨水を溜めるしかなく、兵士たちは皆、水を求めながら死んでいった。ちなみに遺族会が島を訪れる際には水をボトルで持ってきて下さいと言われるんですよ。それぐらい兵士たちは水に飢えていた。「水、水」ともだえる場面は一つもない。

寺脇　戦争映画では、よく兵士が死に際に水をくれと言いますが、あれは重傷を負うと喉が渇くからで、そういう時の水と硫黄島の水は意味合いが全然違う。そういう人がまともに住めないような小さな島を巡って日本とアメリカが戦い、大量の死傷者が出たという根本のところが描かれていない。

西部　硫黄島に関しては様々なレベルの見方があります。あるレベルからは戦争なんか終ってみれば勝ったほうも負けたほうも虚しいという感じ方もできる。ただ、戦後に育った僕の立場から言うと、世界の長い戦争史においても日本民族があれだけ糞真面目に死んでいった戦いは稀なんですね。壕に関しては、ペリリュー島でも中川大佐が同様のことをやったんだけど、そこは地質が珊瑚礁なので壕の中にいても涼しかったでしょう。それを考えると硫黄島の戦いはやはり凄まじいもので、兵士は死ぬ間際まで家族や恋人のことを思ってはいても、表立ってはひたすらに壮大なフィクションを信じているふりをし続けた。そうする以外に死の意味を見出せない絶望的な島だったんです。その絶望を引き受けるのも公心のはたらきなんです。

寺脇　わたしがさっき虚しいと言ったのは、死が虚しいわけじゃないんですよ。星条旗のフィクションを作って、戦争を美化したり、英雄を捏造することの虚しさを言いたかったんです。戦って死ぬことは絶対に虚しくはないですよ。だから、栗林さんの最大の欠点は他の戦線の指揮官に較べて部下に死ぬ意味を見出させられなかったことだと思います。

西部　西郷を演じた二宮和也君がインタビューで「わたしはともかく楽しんでもらうこと、面白がってもらうことを狙いました」と言っていた。それ自体は間違っていないとしても、まともな人間が本当に面白いと思うものは、ある民族がある歴史の局面で、アブノーマルとも言うべき凄まじい公心なりフィクションなりに、いかにして飲み込まれていくものかということなんです。そういうことがわからなくなった現代人が俗受けしそうな台詞を得意気に喋って、それを面白いでしょうと言われても腹が立つだけ。それを面白がっている映画関係者にも驚く。アメリカ人は日本語を理解しないから、監督も僕のような日本の観客にそういう印象を与えているのが二宮君の言葉だということを把握していないんじゃないかな。

寺脇　『硫黄島からの手紙』は結局、栗林中将を礼賛する話で、そこから逆算して作った結果、栗林が作らせた壕や苛酷な自然環境の問題を素通りしている。同時に、栗林やバロン西とは対照的に、彼らに従う下級将校や兵士たち、あるいは彼らと対立する上級将校たちの考え方が非常にステレオタイプです。そういう人間関係のドラマがもっと表に出てこなければいけないはずなんです。例えば『二百三高地』では、乃木希典を聖人には描いていない。いいところと同時に愚かな面も描いている。また、児玉源太郎についても功罪両面をきちんと描き、伊地知幸介という無能な参謀長でさえ一面的には描いていない。そんなきめ細かい人物の描き方をこの映画はまったくしていなくて、栗林やバロン西以外の人間は彼らを描くために都合よく配置されている。もう一つは、兵士たちが胸に抱いているはずの祖国が一切描かれていないことです。辛うじて都市の板塀や路地が出てはいるけれども、そんなものが祖国であるはずがない。例えば、稲穂がたわわに稔っている田園風景とか、日本人の心象風景のようなものがあるじゃないですか。

西部　隅田川の桜でもいいわけね。

寺脇　桜だと、軍国主義の象徴だとかいろいろ言う人が出てきますからツツジでもいいですよ。そういう祖国の自然が一切出てこない。良し悪しは別として、彼らが最後に思い浮かべたであろう日本の自然とか文化とか、われわれの心の琴線に触れるものが描かれていない。『父親たちの星条旗』では、田舎の農場で母親が息子を待っているような祖国の光景、アメリカ人の琴線に触れるような場面がちゃんと出てきます。これは、アメリカ人だから日本のことがわからなかったという問題ではない。戦争映画として観た時に、死んでいく兵士たちが心の拠り所とするような風景、風土といったものが描かれるべきでしょう。

西部　栗林中将もバロン西も好人物として描かれているけど、その有力な証拠として持ち出されているのが、栗林の場合にはアメリカの大使館付き武官としてアメリカ人からも好かれていて、友人も多かったという程度のこと。また、バロン西は一九三二年のロサンゼルスオリンピックの馬術で金メダルを獲って、栗林同様、アメリカ人と友好的だったから好人物だという描かれ方なんだけど、そういう〈いいインディアン〉を見て日本人が褒めるのはおかしい。憲兵についても、善良な母子の可愛がっている犬を殺すような横暴な権力者だという描き方は何十年前の日教組物語。これをアメリカがやるのはともかく、現代の日本人が見て納得しているとしたら、日本人は紙芝居民族に成り下がったという気がしますね。

寺脇　本当に憲兵隊を描くのなら、思想犯をリンチするようなシーンを採用するべきです。どの国にもそういう機関はある。その残虐さに耐え切れずに憲兵隊から落伍していくというのならまだわかる。

西部　栗林が硫黄島に降り立った時、部下がジープを持ってきますかという台詞があった。ライフルを持ってこいという言葉もあった。当時の日本の軍人がそんな言葉を使うわけがない。バカじゃないかと思った。

寺脇　それはアメリカ側による時代考証の限界でしょう。それよりも、加瀬亮演ずる元憲兵が硫黄島に来た理由がくだらないことが大きな問題です。

西部 それから、陸軍と海軍の対立がこの映画ではほとんど描かれていない。硫黄島では内輪もめの状態が最後の最後まで続いた。僕が読んだ本によると、栗林は平地の壕と摺鉢山を連絡して、地下を走り回れるようにしたかったらしいけど、摺鉢山を管轄する海軍がそれをサボタージュした。理由は飛行場、滑走路を整備するためだったらしい。サイパンが陥落し、飛行機が飛ぶこともない状況だから、海軍のサボタージュは明らかに意図的なものでしょう。でも、栗林に同情的に言えば、巨大な組織の内輪もめは一司令官の力では静止しきれないんですよね。

寺脇 官僚組織の場合、お互いの所管をうやむやにしたら組織として成立しませんからね。

西部 しかし、そういう描写を織り込めたんじゃないかな。

寺脇 確かにそうです。例えば『二百三高地』では、乃木の第三軍と児玉源太郎のいる満州軍総司令部は互いの縄張りに踏み込めないようになっているけれども、最後の最後、児玉がそれを敢えて破り介入するところがドラマの山場になっている。そもそも、海軍の将官が陸軍の将官の言うことを聞いたりはしない。海軍と陸軍にはそれぞれ司令部があって、将官は各々司令部にいて部下同士を使ってやり取りをする。それは硫黄島だけでなく、フィリピンでもどこでも陸海軍が一緒だったところはそうです。土壇場になれば、将官同士が会う機会も出てきますけどね。そういう意味で部下の掌握に苦労するはずの上官の描き方が浅薄すぎると思います。

西部 アメリカ側の描き方にも問題はある。アメリカ兵は初めに投降してきた日本兵（加瀬）を撃ち殺すけど、最後に捕まえた日本兵（二宮）は生かすでしょう。僕の知る限り、海兵隊は上陸した時には敵が投降してきても、戦闘の最中では捕虜を管理している余裕もないからすべて殺す。けれど、戦闘が収束して勝負がついた後は、陸軍が入ってきて、捕虜は収容所などに保管する。それがこの映画では、捕虜をたまたま助けたとか、たまたま殺したとか曖昧にしている。その辺は正確に描くべきでしょう。「生きて虜囚の辱めを受けず」という戦陣訓のせいで日本軍の捕虜が少なかった、という嘘話もあるんだから。

寺脇　中国で日本軍が中国人を虐殺した話だって、戦闘が落ち着いた後だと大問題ですけれど、戦闘中であればゲリラか一般人かわからないから殺してしまうという理屈も成り立たないことはない。本当に死体かどうかわからないから、死体であってもそれをさらに撃つことだって当然ありますよね。

西部　中村獅童が死体の下に潜って戦車に体当たりしようとするでしょう。実際は、死体の下だと敵に見つかるから腐った死体の内臓に体を潜らせて、戦車に体当たりしようとした兵士もいたらしいから、米軍は火炎放射器を使って徹底的に死体を焼いていく。死体の下なり中なりに生きた兵隊がいると見なして。そういう状況が伝わるような描写はできたはずです。

寺脇　戦争の本当の怖さを伝えるためにはそこまで描く必要があります。臓腑の臭いが漂ってくるぐらいまで描き込んで初めて、こんなことは二度と起きてはいけないと観客に思わせ得る。何度も例に出しますけれど、『二百三高地』では塹壕戦で日本兵とロシア兵が凄惨な戦闘をやる描写がありますが、本当に血の臭いが漂ってきますからね。

――『父親たちの星条旗』は、当時の政治的フィクションを暴くという主題が『硫黄島からの手紙』とは大きく異なっています。当時、アメリカがそのような欺瞞を国内に抱えていたことを知らしめたという点は評価できるのではないでしょうか。

西部　当時のアメリカが戦争を継続するのも困難なほど経済的に窮迫していて、国債を発行しないと戦争終結まで持っていけなかったという話は実際にあったのかどうか。

寺脇　当時の日本から見れば、アメリカの国力は千倍ぐらいはあると感じているわけだから、そんな国が金に困っているとは考えませんよね、普通は。しかし、戦時中のアメリカが経済的に豊かだったと考えるのは貧乏人の了見で、千倍持っているほうにも千倍持っているなりに足りない状況があるという話で、実際にイラク戦争でも戦費不足の問題は起きているわけでしょう。そういう意味で、政治映画として『父親たちの星条旗』は許容できる。

フィクションとしての「硫黄島」

西部　『硫黄島からの手紙』で、「われわれの死は必ずや後世が評価してくれるであろう」という栗林の台詞があるんだけど、全体の流れから浮いた呟きにすぎない。彼らの死はいわゆる無駄死とか犬死として扱われてきました。これまでの犬死論、無駄死論は結局、勝つためなら自らを犠牲にしてもいいと思ってやっていたのに、勝てなかったら犬死や無駄死だという説が続いてきている。でも、そうじゃないんですよ。戦争はどちらかが勝つか負けるかしなければ終わらないんだから、負けたら犬死というのは変です。戦死の意味というのは、その兵士がどういう目的で、どういう価値観で、どういう意志を持って死んだかということで、それを後世の人たちがポジティブに評価すれば、戦死者の遺志が後世に伝わって、先祖の死が犬死でも無駄死でもなくなる。つまり、死の意味が後世に伝わるかどうか。それに対して栗林中将の先ほどの台詞がどれだけの切り込みをしているか。

寺脇　それ以前に、犬死と規定する人は、戦争に勝とうが負けようが戦死者はすべて犬死だと言うべきなんですよ。逆に、価値ある死だと言う人は、戦争に勝とうが負けようが国家を担って死んだ人の死には価値があったと言わなければいけない。

西部　ただ、その価値が後世にポジティブな影響を与えるという条件付きになるけどね。

寺脇　栗林が他の優れた指揮官たちと比べ格別に賞賛すべき存在であるとは思えない。あるとすれば、アメリカからすごい人物だと認められたということだけ。栗林は確かに豊かな知性を持っていたでしょうが、軍人にも彼ぐらいの教養人は大勢いました。

西部　僕は一昨年、ペリリュー島にも行っているんですけど、島の森の中にニミッツ提督の顕彰碑が建っていて、それに英語でこう書かれていたんです。「この島を訪れた旅人よ。この島で若き日本の兵士たちが英雄的愛国心で戦い､そして死んでいったということを記憶に残し、故郷に帰って知らせねばならぬ」と。つまり、ここまで徹底的に戦った日本人は凄い、その凄さを認めないと軍人として不公平だとの素朴な感情が当時のアメリカ人にはあったということなんです。なにも僕は、日本人もそういう軍人礼賛の映画にしろと言っているわけじゃない。ただ、太平洋戦争に関する共通認識として、敵方ですら敬意を表した日本軍の壮絶なる戦いぶりを押さえなくちゃいけないと思う。

寺脇　敵ながら天晴れということですよね。わたしはその点をこそ、この映画で描けばよかったと思うんですよ。栗林が誉められるとしたら、勇敢に戦い、三十六日間も硫黄島を防衛して日本本土に戦火が及ぶのを防いだこと、そのために周囲の反対を押し切って壕を掘ったことぐらいなんですよ。だから、塹壕を掘った作戦がよかったなら、それがいかに難事業だったかを描かなければいけない。それから、本土への空襲をしばらく阻止したことも台詞だけではだめ。『二百三高地』には旅順での戦いの最中に日本の子どもたちが田んぼの畦道で戦争ごっこをやっている描写がある。凄惨な戦いが繰り広げられている一方で、日本国内では子どもたちが無邪気に戦争ごっこをやっているという対比ですね。そういう描写があって硫黄島を三十六日間防衛した価値が出てくると思います。勇敢に戦ったことについても、何か別の勇敢な振る舞いが描かれていてもいいはずなのに、アメリカでダンスをしたり、英語で捕虜に話しかけるといったことしか描いていない。要するにアメリカに気に入られていたからいいのか、近代合理主義がそれほど正しいのかという疑問に突き当たる。司令官たる者、うまく戦をするのは大事だけれど、同時に部下に対しては死を納得できるかもしれないくらいの大義名分を持たせなければいけない。死に向かう兵士には何らかのフィクションが必要なんですよ。そのフィクションを作ることも指揮官の大事な仕事。それを栗林がやったのかやらなかったのか、事実はわからないけれども少なくとも映画ではやっていない。

西部　栗林が二万名の兵士に対して「死に甲斐」を与えることについて十全でなかったとしたら、彼は元々あの戦争に反対していたということになるのかな。つまり、彼は硫黄島の戦いに自分の歴史観なり人格を懸けられなかったから、単なるテクノクラートに己を限定して、ともかく穴を掘れば持久戦に持ち込めるだろうと考えていたのかもしれない。

寺脇　実際そうだったんでしょうけれど、栗林も西も嫌々戦争をやっている。それは必ず部下に伝わってシラケさせる。わたしの長い官僚経験からもそれは断言できます。例えば、法律を一つ作るとなれば一、二ヵ月は徹夜続きですから死なないまでも病気になりかねない。そういう仕事をする際、その意義を上司が部下に理解させるのは当たり前の職務です。

西部　それから、当時の参謀本部にとっては本土空襲をいかに遅らせるかがテーマだから、太平洋方面の島々に対する命令は、それまでは名誉のための万歳突撃が許されていたけれど、最後の一兵まで戦えというふうに変わってくる。だから、栗林が硫黄島で壮絶な戦いをしたことで八丈島などは助かったけど、それによって沖縄にアメリカ軍が集中攻撃を仕掛けることになったわけですね。そういう結果を見ると、歴史って悲しいものだと思うよ。

寺脇　でも、それは結果論ですよね。沖縄での大和の特攻で戦況が変わる可能性はゼロではなかったけど、結果的には屁の突っ張りにもならなかった。だから、結果論で個々の戦いを評価するのは誤りだと思います。つまり、硫黄島ではよく戦ったけど、沖縄は下手だったということではなく、そもそも戦争そのものに評価すべき点は何もないんですよ。

西部　僕がもう一つ言いたいのは、硫黄島からの「手紙」のこと。手紙というものは、もちろん私心に基づいて書かれる。でも、例えば特攻隊員は、出発前の晩は布団にもぐり、泣きながら家族や恋人の名前を呼んだかもしれないけれど、日が昇れば鉢巻を巻いて「日本万歳」「天皇陛下万歳」と言って行く。つまり、そこで切り替えるわけですよ。手紙はプライベートな心情の吐露で、「天皇陛下万歳」というのはパブリックな宣言ですけど、その切り替えはかなりドラマティックなものです。その切り替えにこそ人間心理の真実があるはずなのに、日本の戦後の映画では結局、プライベートな生活や家族があったであろう可哀相な兵士たちという捉え方しかしない。だとすれば栗林さんも可哀相なんだけど、それでは納得いかない。彼が手紙を書いているシーン、戦場にもプライベートな瞬間はありますからね、映画としては一応、夜中に独りで手紙を書くという形を取っている。ただ、プライベートな心理に沈みながら、急に心を切り替え、決戦の覚悟で穴を掘れ！　みたいな瞬時の心の転換を要求されている戦場の兵士や将官たちのありようがきちんと描かれていない。

寺脇　すべて後知恵なんですよ。『正論』か何かに、生き残った方に映画を観てもらったら、あの通りだったと言ったと書かれていましたけど、生き残った人はそう思いますよ。でも、それは生き残った人にとってのリアリティであって、真にリアリティのある戦争映画かどうかは別の問題です。

西部　戦後の戦争批評というのは、すべからく生き延びた人たちへのインタビューをもって真実だとしている。それは事実のすり替えだと思うね。生き延びた者には「心の負い目」があるんです。

寺脇　生き延びた人たちの話を聞かなければ事実に迫れないにせよ、そこに想像力をプラスする。生き延びた人たちの話をそのまま映画にするなら誰にでもできますから、そこへ死んだ人への思いなどを足していかないといけない。つまり、未だ知られざる思いを伝えるのがフィクションであって、それが、戦争映画が作られる本来的な意味だと思います。

――お話を伺っていて、イーストウッド批判というよりも、今日の日本の歪んでいるとも言える精神状況への批判のように聞こえました。

寺脇　そうですよ、もちろん。

（『映画芸術』４１８号、二〇〇七年一月発売号より転載）

※この対談がきっかけとなり、著者の『表現者』への連載につながった。

2章 戦争

プロパガンダの極み、米製人気映画

アメリカ映画『300 スリーハンドレッド』（07 ザック・スナイダー監督）が、世界中でヒットしているという。本国はもちろん、英、仏、伊、西、露、韓、ギリシアの各国で「№1ヒット記録、続出中‼」とPR文句にある。こうやって「世界中の人々が観ている！」的空気を作るのは、アメリカ映画の常套興行戦略だ。PR効果は上々。日本でも公開と同時にヒットを続けている。

……と、いきなり映画興行の話を持ち出したのは、この映画が明らかにアメリカを正当化する「宣伝」臭に満ちたものだからである。その「宣伝」に前記の諸国が乗せられただけでなく、日本でも、この紀元前五世紀のペルシアとスパルタの戦いを描いた映画に多くの観客が集まり、賛辞が寄せられている。

ヘロドトスの『歴史』にも叙述されているペルシアのギリシア侵攻。それを迎え撃つスパルタ王が三〇〇人の精兵で一〇〇万のペルシア軍に立ち向かうテルモピュライの戦いが主題である。まるで、硫黄島をはじめとする太平洋諸島の日本軍が米軍相手に絶望的戦闘を繰り広げるのと同じで、善戦健闘の末、王以下全員「玉砕」する。ただし彼らは、国を守るため天皇陛下万歳を叫んで死んだ日本兵とは違い、「自由と民主主義のために」正義の戦いを挑む崇高な戦士として普遍的に尊ばれるのだ。

相手の扱いがひどい。「自由と民主主義」がない君主制のペルシア帝国は、まるで蛮族である。国王クセルクセス一世は顔じゅうにピアスをした面妖ないでたちだし、率いる軍勢は醜怪で野蛮の極みとされる。ギリシア側に立つヘロドトスだってアケメネス朝ペルシアの高度な文明を評価し、クセルクセス一世や、その父ダレイオス一世を然るべき統治者と認めているというのに。そもそもペルシアが君主政を選んだのは、統治体制として寡頭政治や民主政と比較し、前者に国を分裂させる恐れ、後者に僭主出現の恐れを感じて理性的に判断した末のことではないのか。

たしかにスパルタは民主政だが、今日のような現代民主主義政治とはまるで様相が異なる。男子は七歳で家族から引き離されて戦士となるのを義務づけられ、それが叶わぬ虚弱児は谷底へ棄てられる社会のどこが自由？と言いたくもなる。それを「自由と民主主義」の代表に仕立てるのは、どう考えても無理がある。一方、ペルシア側は「自由と民主主義の敵」呼ばわりだ。

この強引な決めつけ！観る人々は、ヘンだと思わないのだろうか。実際、イランはこの映画に対して激しく反発している。それはそうだろう、自分たちの文化や歴史を冒瀆しているとしか思えない内容だもの。だがこれとて、敵対国を挑発する政治的効果を生んでいることになるのだろう。

ペルシアの末裔でないわたしは、その怒りを共有する立場にはいない。しかし、自分たちの文化・歴史のみを賛美し、他の民族が持つ固有の文化や歴史を侮辱することについて、抗議したい気持ちを禁じ得ない。しかもこの映画のペルシア軍は、アラブ、アフリカに加えアジアも含んだ連合軍と見える。広く取れば、アフリカやアジアの文化や歴史も蔑まれているのである。にもかかわらず、日本の観客は何も考えずこの映画を楽しみ、賛辞を送る。映画雑誌『キネマ旬報』でも、何某という評者は「間違いなく本年度の傑作の一本なのだ」と絶賛する。その大きな理由として、黒澤明監督作品の影響が感じられることを挙げているが、黒澤映画という日本文化の一成果に敬意が捧げられていたとしても、「自由と民主主義」以外の文化・歴史を否定する暴挙という根本問題とは比べものにならない。おそらくこの評者は、そんなことは意識してもいないのだろうが。

そう、観客も映画雑誌に文章を書く連中も、そんな意識はさらさらないのである。ただ、面白いとかスケールが大きいとかの理由でアメリカ映画に熱狂しているのだろう。なぜ？ わたしには到底理解できない。少なくとも日本の文化・歴史とアメリカのそれはまったく違うものだ。にもかかわらず、違っているということにあまりにも鈍感ではないのか。……こう思うようになったのはごく最近、昨年の秋ぐらいからである。

実はわたし、それまでアメリカ映画をほとんど観る経験がなかった。生まれて五十四年間に、子どもの頃のディズニー映画が数本、六六年に『パリは燃えているか』（米仏合作）、六八年に『暗くなるまで待って』、七八年に『スター・ウォーズ』、〇二年に『ハリー・ポッターと秘密の部屋』。なんと、合計して十指にも満たない。高校時代から投稿少年として映画評を書き、大学を出て文部省（当時）に勤務するのと同時に「映画評論家」を名乗って三十二年にもわたり活動してきているというのに。

その間観てきたはずの、およそ五千本以上のほとんどすべては日本映画だったのである。ここ数年、韓国映画にも範囲を広げ二五〇本余りを観て最近『韓国映画ベスト100』（朝日新書）を書いたのだが、アメリカ映画にはまったく疎かった。それが、昨年、韓国映画のリメイクである『イルマーレ』（06 アレハンドロ・アグレス）硫黄島の戦いを描いたクリント・イーストウッド監督の二部作を観ることになる。今年に入ると、役所を辞めて映画評論家業を中心にしたわたしに『キネマ旬報』の新作レビュー欄の仕事が来た。その仕事をこなすためには、月に五、六本のアメリカ映画を観る必要がある。『300』もそのひとつだった。

かくして、齢五十代半ばにして初めてアメリカ映画を体験しつつある。そこで最初に感じたのが、他の人々と自分とでは、アメリカ映画の受け止め方に著しい差があることだ。もちろん、わたしの方が少数派。いや、誰も同調者などいないかもしれない。それでも異を唱えたくなるほど、周囲との間に違和感を覚えるのである。

もともと日本映画しか観なかったのは、日本の文化や歴史、その結果ある現在の日本社会に強い関心があったからだ。韓国映画を観るようになったのも、韓国社会に対する関心が大きくなったのが原因である。そうした当事者感覚なしに仕事のために観るアメリカ映画は、わたしにとって客観的な分析の対象になる。

その時、対象にさまざまな疑念や不満が湧く。そして、それを感じていないらしい周囲の様子に気がついて愕然とする。『３００』みたいなわかりやすい例は、いわば序の口だ。この本では、わたしの感じるさまざまなひっかかりにとことんこだわっていきたい。その中で、アメリカ映画からアメリカ文化、さらにはアメリカ観にまで論を進めることができれば幸いである。

（二〇〇七年九月号）

自立は可能か——テロの嵐を胸に受けて

日本映画『ミッドナイトイーグル』（07　成島出）は、刺激的な物語である。アメリカが、横田基地配備のステルス爆撃機に日本政府への通告なしで核爆弾を搭載し、朝鮮半島の領空を侵犯して示威的訓練を行う。これに対し北朝鮮とおぼしき某国は、工作員を使ってこの爆撃機を北アルプス山中に墜落させ、核弾頭を奪い爆発させようとする。爆発が起これば百万単位で日本人が死ぬという重大危機に、藤竜也演じる首相率いる日本政府が立ち向かう……。

この映画で目を引くのは、日本政府がアメリカの顔色を窺うでも助力を仰ぐでもなく、独力で解決しようとする点である。無断核持ち込みに対し、抗議も公表もできない弱みはあるにしろ、他力本願でなしに対応する首相は健気で、自国の非力を噛み締めつつ国民を守るために苦悩するのだ。アメリカとの約束を果たすために無節操な大連立（注・福田内閣の民主党との連立騒ぎ）に走ろうとする現実の首相と比べてみれば、ずいぶん立派に映る。

もうひとつ見逃してならないのは、アメリカがふりかざす「正義の戦い」の正当性を正反対の側から描いてみせた点である。「ならず者国家」と敵視される国が遙かに強大な軍事力を持つ相手の弱点を衝いて一泡吹かせる。また、飼い犬のように従順に従っていた国が、同盟国（形式だけはね）の傍若無人なやり方に怒気をにじませながら、なんとか自力で危機を回避しようとする。もし、これがアメリカ映画だったとしたら、両国の行動は、いずれもあり得ない。

もちろん、日本国内で工作員を跳梁させる某国のやり口は言語道断で、自衛隊が武力で自衛行動に出るのは当たり前だ。厖大な数の日本国民が生命の危機にさらされているのだから。ただ、それはそれとして、この映画における東アジアの二つの国の独立姿勢は評価していいだろう。この地域の安定に関して、そこに存在する国々の自決を許さず、支配的にふるまおうとするアメリカの態度に翻弄される一方でなく、敢然と主体性を発揮した点では、独立国としてあるべき気概を有していると言える。

いささか過大に持ち上げてしまったかもしれない。だが、そうしたくなるのは、アメリカ映画の中に登場するアジア諸国が情けないほどおざなりに描写されるからである。あたかも主権などないかのように。

『キングダム　見えざる敵』（07　ピーター・バーグ）のキングダムとは、サウジアラビア王国のことである。ここで起きた自爆テロ事件を発端にして映画は始まる。テロの理由は、はっきりしている。一九三二年に現在の王国がサウジアラビアを名乗るとすぐ、アメリカの石油資本が利権を獲得した。以来、サウジの石油利権は両国関係の最重要要素となる。それを守るため九〇年の湾岸危機以来、米軍が駐留している。敗戦国でもないのに救援のためと称して駐留される一方で、石油施設関係の居留地ではアメリカ人がまるでそこが租界であるかのように自由に生活している。

この映画にも描かれているように、イスラムの戒律などまったく無視してアメリカにいる時と同じように暮らすのだ。タンクトップにショートパンツ姿の女性を、敬虔なイスラム教徒たちはどんな思いで見るのか……。九〇年代以降テロが頻発しているのも、９・11事件実行犯十九人のうち十五人がサウジ人だったのも、あのオサマ・ビンラディンが国籍剥奪されたサウジ人であることも、それなりに腑に落ちる。

で、のどかな休日の外国人居住区に爆弾が炸裂する。死者一〇〇人以上、負傷者二〇〇人以上、加えて同僚捜査官二名まで犠牲になったとあっては、現地へ乗り込むＦＢＩ捜査官たちが激しく怒りを燃やすのも無理はない。彼らにすれば、サウジ政府の対応は生ぬるくて役人たちは頼りない。そりゃそうだ。ＦＢＩの強引で暴力的なやり方で勝手に捜査されたのでは、たいていの国は閉口する。まあまあ、となだめる側に回るのは仕方ないよね。でもそれは、ＦＢＩ側からすれば怠慢に思え、犯人をわざと見逃すのではないかとの疑いさえ抱かせる。

結局、アメリカ流の銃を撃ちまくる捕り物が始まる。これに協力するサウジ人はいい奴で、ぐずぐずしている連中は愚鈍扱いだ。結果はもちろん、優秀なＦＢＩ捜査官と彼らに協力したサウジ警察官が勝利する。テロリストを多数射殺してテロ組織を殲滅する。めでたし、めでたし。夥しい数の流れ弾に当たったサウジ市民を残してね。なにしろ究極の場面では、子どもまで巻き添えにしてしまうのだもの。

アメリカ国内だったら、いくらＦＢＩでもこんな乱暴な銃撃戦で市民を巻き込んだりしないだろう。いくら在外同胞へのテロを根絶するためといっても、他国でここまでやる？　自国民の生命と安全を守るべきサウジ政府の主権はどうなっているのだろうか。『ミッドナイトイーグル』のような視点に立った「裏『キングダム』」を観てみたいものだ。

『マイティ・ハート　愛と絆』（07　マイケル・ウィンターボトム）は、実話の映画化である。〇二年にアメリカの新聞記者がパキスタンで取材中にテロリストに誘拐され殺された事件を元にしている。彼女自身もジャーナリストである身重の妻が消息不明の夫を待ち続けて気を揉む日々を、同時進行の形でドラマに組み立てた。視点はあくまで、夫アメリカ人、妻フランス人の欧米側からとなっている。

ここでは、救出に動くパキスタン政府と懸命に働く地元警察当局が親近感を持って描かれている。しかし、テロリスト側に対しては憎悪を隠さない。マイティ・ハート＝寛容な心って、とてもそうは見えないね。主犯は死刑としても、共犯者たちは悪名高いグアンタナモ刑務所へ送られて、それからどうなったのだろう。テロリストを憎むのは当然？ たしかに、誘拐して人質に取ったあげく惨殺するのが許されるものでないのは重々承知している。ただ、この場合は彼らの側からすれば行き過ぎた取材活動への過度の警戒があったろうし、記者がユダヤ系という点も作用していよう。テロ行為は否定されるべきだが、なぜパキスタンでテロが起こるのか、なぜ欧米を憎むのか、そうした彼らなりの論理について少々考えてみてもいいのではないか。

さて、この二作にあるようなアメリカ側からの見方を、日本の観客はどう受け止めたのだろうか。ＦＢＩがテロリストをやっつけるのに気持ちを同化させて快哉を叫ぶ？ 日本人が誘拐され殺された時は「自己責任」と突き放した声もあったくせに、アメリカ人ジャーナリスト誘拐は憎める？ 日本人の立場でどう見るのか。そのことを問い続けたい。

（二〇〇八年一月号）

アメリカにも真率がある

本書は、アメリカを否定するためのものではない。いいものはいい。認めるべきは認めるという是々非々の姿勢で臨むつもりである。生まれて初めてアメリカ映画を大量に観た二〇〇七年、五十本余りの中で共感し惹かれたもののもないわけではない。

『再会の街で』（07 マイク・バインダー）は、9・11で妻と二人の娘を失い天涯孤独になった元歯科医師の絶望的な喪失感を切実に描き出す。莫大な保険金と国家からの弔慰金を得て巨万の富を持ちながら、精神に変調を来した彼の心はまるで空虚である。社会や国家から精神面への配慮はなく、異常者扱いするだけで苦悩に真剣に寄り添う動きはない。

彼を絶望の淵に落とした直接の犯人は、たしかにテロリストたちだ。しかし、アメリカ社会もまた、加害者なのである。社会の好奇の目が被害女性にセカンドレイプをもたらすのと同様に、社会の無関心と冷淡さが彼を二重に傷つける。厄介者視して社会的に葬り去ろうとさえするのだ。結局救いの手を差し伸べるのは、歯科大時代の黒人同級生や女性心療医といった、よりマイノリティの側の立場にある者なのである。敵を外に求め、テロリスト退治の戦争で解消できるのは世間の怒りや不安であって個人の痛みではない。

個人を癒し救えてこそ、真に強い社会なのだと思う。国内の問題を解決できずして何が政治だろうか。日本映画『母べえ』（07　山田洋次）でも、「支那討つべし」や「鬼畜米英」と外へ向かっての「聖戦」に沸き立ち、国内の貧困や不幸に向き合おうとしない戦時下の日本が描かれている。

直接9・11の被害に遭ったわけではないのに「聖戦」の尻馬に乗って、国際貢献だ当然の責務だとインド洋やイラクでどう振る舞うかに汲々とする現在の日本政治の状況はアメリカよりひどいと言わざるを得ない。その一方で、医療、年金、貧困といった現在深刻な国内問題の抜本解決策なんか、誰も考えていないのだから。

『消えた天使』（07　アンドリュー・ラウ）にも感心した。性犯罪と快楽殺人を題材に、「アメリカで登録されている性犯罪者は五十万人以上。アメリカでは二分に一人、女性か児童が性的暴行を受けている」という自国社会の暗部を、遠慮会釈なく暴き出す。ただこれは、単なる社会派告発劇ではない。その背景に人権をどう考えるかの問題がある。たしかにアメリカでは、性犯罪者は登録され監察官の監視を日常的に受けなければならない。その反面、監察側や捜査側の行動も厳しく制限され、その範囲において性犯罪者の人権もまたかなりの度合で保護されるのである。人権を守るとはどういうことなのか。アメリカ流人権主義の在りようが鋭く問われる。

この場合も、翻って日本における人権意識はどうなのか。おそらくアメリカほどの覚悟も割り切りもなく、声高に主張すれば通る、という安直な実態がまかり通っている。それでいて「人権」を錦の御旗に使う輩が後を絶たないのだから始末におえない。人権が大切なのは言うまでもないが、無限定ではないのである。社会を構成する全員の人権の調整を伴わなければならないのだということを『消えた天使』は改めて考えさせてくれる。性犯罪者にも人権はある。だがそれは、他者の人権との兼ね合いなしには主張できない。

『再会の街で』や『消えた天使』が提起するこのような問題を、アメリカ映画大好きの日本人観客たちはきちんと受け止めているのだろうか。怪しいものだ。蜘蛛男やマッチョ男たちの他愛ない活劇に歓声をあげたり、テロとの戦いに手に汗を握ったりしているんだろうなあ、大方は。

アメリカそのものへの関心からすると、一九三〇年代から五〇年代へかけての二十年ほどの動きに興味を覚えた。最近、一九三七年に作られたアメリカ映画『明日は来たらず』を観て、ますますその思いを強くしている。レオ・マッケリー監督のこの映画は、五三年の小津安二郎監督『東京物語』との比較で語られることが多い。なるほど、夫婦、親子、家族の情感や生き方の哲学は変わらない。三七年のアメリカ社会と五三年の日本社会には、共通する感覚さえあるような気がする。ただし、『明日は来たらず』はその時点での作品評価も低ければ興行も失敗だったというから、時代を代表する映画とは言えないのかもしれない。このあたりはこれからの勉強が必要だが、作中で描かれる大恐慌から立ち直りきれていない不況下のアメリカは、現在のような世界全体への使命感も自信満々の万能感も持っていないように見える。世界をどうするかよりも、自分たちの社会をどうするかに関心は向いている。

対独伊でも対日本でも、戦争しようという国民世論がさほど強くなかったといわれるのも納得できる。欧州ではスペイン内戦にソ連、ドイツ、イタリアが介入し、アジアでは日中戦争が始まろうとしていたはずだ。そんな世界情勢とは関係なく、ニューヨーク市民はブリッジに興じたりダンスを楽しんだりしている。

それが、世界大戦を経てどんなプロセスで現在のようなアメリカに変貌したのか。興味深く観たのは、戦後から五〇年代のアメリカを描いた映画である。

『グッド・シェパード』（06　ロバート・デ・ニーロ）の描くＣＩＡの成立過程と、その背景にある歴史や伝統のない社会でエスタブリッシュメントを形成する学閥や結社の動きが、アメリカという国の意思決定の特色を形づくっているようにも思える。

それより考えさせられるところが多かったのは、『ハリウッドランド』（06　アレン・コールター）が扱う五〇年代ハリウッドの情報戦略や権力絵図である。人気TVドラマ『スーパーマン』の主演俳優が遂げた謎の死を追う芸能もの仕立てでありながら、アメリカ戦後社会の気分を色濃く示していると見た。同時に、『ハンニバル・ライジング』（07　ピーター・ウェーバー）が描いた戦時中から戦後へかけての欧州の生活、ソ連及び衛星国、ドイツ、とりわけレジスタンスとヴィシー政権双方の傷跡を持つフランスの戦後とは、どこかで噛み合っている。

これはあくまで、今いきなりアメリカ映画を見始めたアメリカそのものに無知なわたしの、映画から受けた直感のようなものでしかない。こうした第一感から始めて、未知のアメリカを知る面白さを五十代にして味わいたいと思っている。

三十年余り、日本近現代史の産物である官僚機構に身を置き、そこで仕事をするために日本史は不可欠と考え、学んできた。新たにアメリカを知り、考察することによって世界史に結びつくことができれば幸いである。

（二〇〇八年三月号）

「敵情報告」の欠如

いくら「テロとの戦い」を聖戦視してみても、戦争の現実は否応なしについてくる。アフガニスタンでもイラクでも、たくさんのアメリカ兵が戦死しているのだ。その数は四千人にも及んでいる。ハイテク兵器を使い安全圏から一方的に相手を殺戮するかに見える現代戦でも、占領して敵地に入れば、ゲリラ戦を戦わなければならない。戦死者、戦傷者は次々に発生していく。

『さよなら。いつかわかること』（07　ジェームズ・C・ストラウス）は、イラクで戦死した女性兵士の家族の物語である。母親たる陸軍軍曹がイラクへ出征し、夫と二人の娘が「銃後」を守るという構図は、アメリカ社会が良くも悪くも男女同権を確立している証だろう。アメリカ全軍人の約一五％が女性であり、しかもその約四〇％は子持ちだという。職種も、看護師や兵站事務などの後方任務にとどまらず、まったく男性と同等に、あらゆる部署に進出しているらしい。

シカゴ郊外のスーパーで店長をしている夫は、十二歳と八歳の娘を育てながら妻の帰還を待つ。彼自身、高校卒業と同時に志願して入隊し、妻とも軍隊で知り合った仲なのだが、強度の視覚障害を隠していたのが露見し除隊させられている。そのコンプレックスを内に抱えながら留守家族の日常を淡々と生きる男に、ある朝突然戦死の報せが訪れる。

　軍服姿の係官が二名、突如玄関を叩いて悔やみ口調とはいえ事務的に状況を告げ、すぐに今後の処理の相談をしようとするやり方には、いささか驚かされた。もう少しは儀式めいた荘重さを演出するものだと思っていたからである。そのあっけなさを、夫も受け入れきれない。係官を追い返し、母の死を娘たちにどう告げるか、ひとり懊悩する。

　映画はそこから、真実を告げられぬまま衝動的に娘たちを車に乗せ旅に出るロード・ムービーになっていく。いちおう、フロリダにあるリゾート遊園地を目的地にはしているものの、あてのないドライブだ。途中、夫の実家に立ち寄ったりしながら、わだかまりを抱えた旅が続いていく。シカゴからフロリダの遠さ、そこを延々と自動車で走る単調さが、アメリカの広大で索漠とした風土を確認する過程にもなる。

　戦場が一切描かれぬまま本国での家族の姿だけが描かれる『さよなら―』と違い、『勇者たちの戦場』（06　アーウィン・ウィンクラー）には過酷なイラクの戦場がなまなましく現れる。イラク派遣のワシントン州州兵の部隊が、物資輸送任務で危険地帯を走行する時の緊張。沿道のイラク人たちの視線がすべて敵意のものに映るし、どこから出現するか知れぬ敵への恐怖が、観ているこちらにも伝わってくる。果たして、起こる現地勢力との凄惨な戦闘……。

「戦地も祖国も地獄だった」というのがこの映画の惹句である。帰還した兵士たちを待っていた現実は過酷だ。英雄扱いされるのはほんの一瞬、再び始まる日常生活が、彼らには耐えられないものになっていく。黒人の軍医は戦場での記憶ゆえ酒に溺れ、反戦思想を持つ高校生の息子ともぎくしゃくする。ここにも登場する女性兵士は戦傷で右手を失い、身体障害者として生きることに当惑する。戦友を死なせたショック、非武装の民間人を射殺したトラウマ等々、さまざまな心理的葛藤に苦しむのである。

『さよなら──』の家族は結局戦死の事実を受け入れ、「母親を戦争で失った絶望の中から、生きる希望を見出していく」（宣伝プレスより）。『勇者たち──』でも、兵士たちはなんとか祖国の「地獄」を克服する。この二本のアメリカ映画は、たしかに戦争がもたらす傷の大きさを強調した。しかし結局は、それを乗り越える方向へ持っていく。

それは仕方なかろう。映画がカタルシスをもたらすものとしての娯楽、という性格を持つ以上、最後は救いが必要となる。だが、どうしても引っかかってしまうのは、ここに出てくるのがアメリカ側の視点だけ、つまりアメリカ人のＩとｗｅばかりだというところだ。『さよなら──』には、イラクとイラク人が一切出てこない。『勇者たち──』のイラク人たちは単なる後景か、まるで射的の的のようにアメリカ兵が撃つ対象としてしか画面に登場しない。

アメリカ人に家族を失った悲しみや戦場の後遺症があるなら、敵対する相手の側にもそれがあるはずだ、という発想へは進んでいかないのである。これが、第二次世界大戦のようなドイツとの戦いだとどうだろう。太平洋戦争当時は猿と蔑視していたはずの日本人に対してですら、『硫黄島からの手紙』では、相手にも家族があるとの視点があった。それが、イラクやアフガニスタンでの戦争を描く場合には感じられない。

現在も戦争続行中という理由だろうか。根が同民族であるドイツ、最近やたら価値観とやらを共にする日本（「聖戦」を遂行する同盟国でもあるしね）と違い、イラクやアフガンの連中は何だかワケのわからん奴らだからだろうか。どちらもあるだろう。特に後者。なんせアメリカ人は、異国の文化にはとんと関心がないらしい。自国の映画や小説は熱心に観たり読んだりしても、外国の映画や小説には見向きもしないらしいじゃないですか。それでは、自分たちのＩとｗｅの範囲でしかものを考えられまい。

『大いなる陰謀』（07　ロバート・レッドフォード）は、もっと視野を大きく、アメリカ社会全体に向けた良心派社会ドラマ仕立ての映画である。ロバート・レッドフォード、メリル・ストリープ、トム・クルーズなんて、わたしでも知っているくらいの大スターが並び、政治的野心で強引な戦闘行動を発動する政治家、真実を暴こうとするジャーナリスト、教え子の未来を憂う大学教授、アフガニスタンの戦場で絶望的状況に直面する若い兵士たち、という多様な位相を巧みにからめて戦争をするということの意味を鋭く問いかける。

アメリカ人や、平和ボケの上に易々とアメリカの尻馬に乗っかって追随している日本人にとっては、考えさせられるところが少なくない。だがここでも、相手方に関しての意識はまるで乏しい。あくまで、アメリカ人がどう考え、どう行動すべきかがテーマであり、広く人間全般がどうすべきかとの次元には及ばないのである。

ところで、この映画で現地勢力に包囲されたアメリカ兵が捕虜になるのを拒み戦うのは、「生きて虜囚の辱を受けず」なの？　捕虜になると虐待されるから？　たしかに、人質に使われる残忍な処刑があるかもしれない。あの「戦陣訓」が作られた日中戦争当時だって、中国軍の捕虜になった日本兵は惨たらしい殺され方をしたようだしね。紙幅が尽きたのでこの問題はまた改めて考えたい。重要なことだと思うので。

（二〇〇八年五月号）

3章 暴力

ランボーにおける度外れの乱暴

つまり……と唐突に始めさせていただく。前項の最後に書いた捕虜問題である。つまり、捕虜になった時にどう扱われるかを想定することが、投降するかどうかの判断基準になるのだろう。『大いなる陰謀』でのアフガンゲリラと戦う米兵は投降せずに「玉砕」した。ゲリラに捕まると人質として利用されたあげくに惨殺されたりするからなのだろう。戦時国際法とやらの適用だってあり得ないだろうしね。

生きて虜囚の辱を受けず、という掟が大量の日本兵や沖縄、サイパンなどの民間人を死に追いやったと悪名高い「戦陣訓」は、日中戦争のために作られた規範である。当時の中国軍の日本人捕虜に対する残忍極まる仕打ちは夙に知られていた。なにしろ他の后を罪に落として切り刻んだ漢の呂后や唐の則天武后の国である。日本の捕虜は無惨に処置された。

南京へ進軍する日本軍の前に切り取った陰部を口に突っ込まれた日本兵の首が、これ見よがしに晒されていたりしたので、敵愾心が沸騰したのだといわれる（だからといって南京での虐殺を正当化するつもりはないが）。「戦陣訓」成立前でも、中国領に出撃する航空隊員たちは不時着したら自決する覚悟を決めていたと回想録に記されている。中国戦線で「虜囚」になることは、即惨殺、最悪の辱めを意味していた。

もちろん、米軍や英軍は国際法を遵守したから、太平洋戦争において「戦陣訓」が的外れなものだったのは事実である。それがわかっていただろうにもかかわらず投降を禁じた精神論狂信の軍幹部が責められるのは仕方ないだろうが……。ただ、終戦時においてさえも「男は去勢、女は強姦」の流言飛語が有効であったように、兵士や国民が捕虜即虐待の意識を持っていたのは、四年以上も続いていた中国戦線の記憶が強烈に印象づけられていたからだろう。

ただし米軍は、捕虜には丁重でも敵対して戦う兵士には容赦ない。物量にものを言わせた絨毯爆撃や艦砲射撃で安全圏から相手の守備力を削ぎ落とす戦術はイラク戦争における機器攻撃と何ら変わっていないし、洞窟陣地や避難壕に対する火焔放射器による焼き尽くしの一方的攻撃などその非人道性は枚挙に暇ない。たとえば舛田利雄監督『大日本帝国』(82)に描かれた、フィリピンで米兵が日本兵の頭蓋骨をボールにして遊んでいる場面は、脚本の笠原和夫が証言しているように、決してフィクションではないのである。その、敵を殺戮する容赦のなさは、今でも変わっていないようだ。まあ、国民性なんだろうからね。シルベスター・スタローンが監督・脚本・主演の『ランボー　最後の戦場』(08)を観ていると、その殺伐さに胸が悪くなってしまう。厖大な数の敵兵たちが四肢をもがれ、腸を引きちぎられ、顔を吹き飛ばされる。まるで虫けら退治だ。

虫けらのように皆殺しにされるのは、ミャンマー陸軍の部隊である。冒頭に仏教僧侶たちの反政府デモを制圧するミャンマー軍のニュース映像が出て、軍事政権の理不尽な支配が行われていることを強調する。観客には日本人ジャーナリストが落命した記憶が甦り、また最近では数万人が犠牲になった巨大サイクロン災害において外国の救助隊派遣を拒み国民を救うことに熱心でなかった政権だとの印象も鮮明となろう。

ランボーやはるばるアメリカからやってきたキリスト教ボランティア団体からすれば、少数民族カレン族を弾圧し搾取する極悪非道の軍隊が、ミャンマー軍なのである。でもね、中国軍はチベット族やウイグル族を、アフガニスタン軍はタリバンやアルカイダを、ロシア軍はチェチェン人を、軍隊の任務として制圧、攻撃するんじゃないんですか？　アメリカ軍だってそんな対象があった日には、どれだけ激しく攻撃することか。彼らはインディアンに何をした？

もちろん、ミャンマー軍のお行儀ときたら、お世辞にもいいとは言えない。少数民族を虐殺し、女を襲い、財産略奪しまくる……って、生命を賭けた戦場のストレスに晒された軍隊はそうなってしまう可能性を持つものだろう。中国戦線の日本軍が暴行や略奪をしなかったとは到底思えない。「戦陣訓」は本来、日本兵の規律維持を目的として作られている。何かがあったからに違いない。それより何より、ヨーロッパ戦線や満州でのソ連軍の行状は広く知られている。貧しい国の軍隊は、どうしてもそうなる宿命を持つとさえ言える。

もちろん、虐殺や暴行略奪を肯定する気は毛頭ない。そんなことが起こらずにすむ世界を作りたいと心から思う。ただ、歴史の過程の中では残念ながらそうした段階を踏む瞬間があるだろう。それを、はるか遠くの世界一豊かな国から人権抑圧だとか非民主的だから民主化してやるとかの正義をふりかざされ、皆殺しにされるのではたまらない。ランボーが一九三七年の中国にいたら南京を占領した日本兵をぶち殺しまくるんだろうなあ。

その時日本の観客はそれに快哉を叫ぶのだろうか？　だって、相手がミャンマー軍なら大喝采なんでしょ？『ランボー　怒りの脱出』（85）ではベトナム軍が、『ランボー　怒りのアフガン』（88）ではソ連軍が大量に殺されるのに喝采を送ったんでしょ？『ランボー』が八〇年代の世界的ヒット作だったことに、わたしは慄然とさせられる。今回初めてこのシリーズを観て、その救いのない傲慢な暴力性にうんざりした。でも、世界の、そして日本の善男善女たちは、ついこのあいだの八〇年代、これに夢中になっていたんでしょ。

その無神経さが、9・11を引き起こしたんだと、はっきりわかった。アメリカ映画を観ないと決めていたために、その無神経な無責任観客のひとりにならずに済んだことを喜ばしく思う。『怒りのアフガン』のランボーはアフガンゲリラと組んでソ連軍を追い出したらしいが、結局その十三年後にはアメリカがアフガンに攻め込み、終わりの見えない内戦状態を引き起こしていること、周知の通りである。

ところで『週刊ヤングマガジン』に、タレント寺門ジモンがラスベガスのホテルで開かれたワールドプレミア試写会に行った際のレポート漫画が載っている。それによると、カリフォルニア州知事でもあるアーノルド・シュワルツネッガーなどＶＩＰを招いたこの上映で、ミャンマー兵士が殺される場面が出るたびに満場大爆笑し、歓呼の口笛が吹き鳴らされたという。嗚呼。

日本でも今回の『ランボー』はそこそこのヒットだとか……。再び嗚呼、である。同じ慨嘆は『チャーリー・ウィルソンズ・ウォー』（07　マイク・ニコルズ）にも感じてしまうのだが、それはまた次に。

（二〇〇八年七月号）

野卑と独善をきわめるL&S

『スター・ウォーズ』(77)のジョージ・ルーカスと『JAWS/ジョーズ』(75)『未知との遭遇』(77)のスティーヴン・スピルバーグ、この三十年のアメリカ映画をリードしてきた二人、ルーカス&スピルバーグは、世界的な規模で富と名声をほしいままにしている。日本でも多くの映画ファンが彼らに憧れ続けてきた。彼らの作品を『スター・ウォーズ』しか観ていないわたしでも(ある人に無理矢理誘われて行ったものの、たいして楽しめなかった)、その華麗な活動ぶりは承知している。

そのルーカス&スピルバーグが製作総指揮と監督の役割分担で作ってきたのが『インディ・ジョーンズ』である。前項で触れた『ランボー』同様、八〇年代に世界を席巻した大ヒットシリーズだ。それはちょうど冷戦時代末期、ソ連の行き詰まりが明白になり始めた頃にあたる。ブレジネフ政権末期の腐敗と経済不安、そしてアフガン侵攻の失敗で八〇年のモスクワ五輪はボイコット国続出の大失敗。ベルリンの壁崩壊から連邦解体へと至るソビエトの落日が見えた。

対照的に八四年のロサンゼルス五輪は大成功を収める。坂を転げるようなソ連の没落ぶりが引き立て役にもなって、レーガン大統領のアメリカは冷戦に勝利し世界の覇権を握ったかに思えた。レーガン自身が映画俳優だったこともあって、アメリカ＝映画という文化認識が全世界に定着したのもこの時期である。アメリカという国もハリウッドも、自信満々だった。

その勝ち誇った勢いに9・11で冷や水を浴びせられ、二十一世紀に入ってからは孤立感さえ漂わせるようになったアメリカ。ハリウッドもそれと軌を一にして精彩を欠くようになったと言われる。八〇年代の夢よもう一度とばかり、ヒットシリーズが次々と復活するのは、そうした状況が背景にあるようだ。

而して『インディ・ジョーンズ』最新作『クリスタル・スカルの王国』（08）が封切られた。例によって『キネマ旬報』誌のＲＥＶＩＥＷ欄を執筆するために、一週間前の先行上映で観る。……と、始まってまもなく、耐え難い場面に遭遇してしまった。主人公インディがネバダ辺りの砂漠にある米軍秘密施設を占領したソ連の特殊部隊と戦ううち、核実験場へ迷い込むのである。あのピカドン！の閃光が実験のために作られた町を吹き飛ばし、キノコ雲がわき上がる。インディはというと、咄嗟に鉛製冷蔵庫の中に身を隠し、間一髪で助かってめでたしめでたし。

さまざまなスリリング場面を次から次に羅列していく中のひとつであり、同時に笑える箇所としても用意されている。前回の『ランボー』じゃないけど、ＨＡＨＡＨＡと満場大爆笑で足踏みならすんだろうね、アメリカでは。さすがに日本の映画館で笑いは起きなかったが、話はどんどん先へ進み、客席は映画に熱中している。そんな中でわたしは、ゆるがせにできない胸のわだかまりを抱えつつ職業的義務感だけでスクリーンに向き合っていた。

ルーカス＆スピルバーグ、なんて野卑で無教養な連中だろう。ピカドンをスリルや笑いのネタにできる神経に驚く。映画は面白ければいいってもんじゃない。やっていいことと悪いことがある。その節度をわきまえるのが教養というものだろう。

被爆国の国民としては……などと進歩的文化人を気取るつもりは毛頭ない。自分自身が被爆したわけでもないのに被害者意識を言い募るなら、東条英機や軍部のせいだけにせずに自分が起こしたわけじゃなくても戦争責任を共有すべきだろう。そうした偏狭な被害者意識とは別に、世界中のあらゆる国の人間が憎む核兵器をぬけぬけと娯楽映画の小道具に使う品のなさに不快を覚えるのである。

日本のマスコミが無闇に有難がるカンヌ映画祭とやらの公式記者会見で、「日本人にとってセンシティブな問題。爆発させる必要があったのか」と質問した日本の記者がいたそうな。日本人にとって……じゃないでしょう。人類全体にとって許せないものなんでしょ。この程度の底の浅い追及では、「それはわれわれ全員にとって、とてもセンシティブな問題だ。僕が育った時代は地下核実験が行われ、核の脅威にさらされた冷戦時代だった。僕は小学校で避難訓練を受けていた。前作から十九年が経ち、時代は第二次世界大戦前から核の時代に移り、物語はそこで展開する。それは無視できなかった」（スピルバーグ）という見え透いた言い訳に誤魔化されても仕方がない。

とはいえ、この記者は発言しただけましなのである。わたしが呆れるのは、ルーカス&スピルバーグの無神経さと同時に、それに異議申し立てをしようともしない日本の識者やジャーナリズムの恐るべき鈍感さだ。異議どころか、このことに論及したものさえほとんどない。偏狭な被害者意識が得意の進歩派はどうしたの？　広島でも長崎でも、何の抗議行動もなかったようだ。国内だと、少しでも原爆を冒瀆しようものなら大騒ぎになるのにね。偏狭なナショナリズムを振り回す右翼はどうしたの？『靖国』よりよっぽど日本を侮辱してるんじゃないの？

アメリカに対しては何も言えないの？　右も左も、原爆投下そのものに対してさえロクに文句言えないんだものね。もっと悪いのは、アメリカ映画に慣れ切ってしまい、どこが問題なのかさえわからない輩だ。

こういうのを、洗脳されたって言うんじゃないだろうか？　政治学者の藤原帰一氏が『アエラ』のコラムで無邪気に『インディ・ジョーンズ』讃歌を唱えている。政治にも社会にも歴史にも無知で興味のない映画評論家か何かならともかく、政治学者としてはお粗末に思える。だが、藤原氏をして手放しの讃歌に走らせるほど、子どもの頃からアメリカ映画に浸り続けてきた影響は大きいのだろう。

その藤原氏が「冷戦時代へのノスタルジー」と、こちらは政治学者らしい見方をする『チャーリー・ウィルソンズ・ウォー』（07　マイク・ニコルズ）は、お気楽な田舎議員の暴走気味の国際行動が結果的にソ連のアフガン侵攻を失敗させる物語だ。それはいいけど、後にアメリカ自身がテロ退治と称してアフガン侵攻するくせにね。

アメリカは常に正義の味方だと確信する能天気な政治家が素朴な善意で他国の紛争に介入していく思考過程を見せつけられ、鼻白む。でもそれは、ブッシュやマケインだけでなくオバマもヒラリーも同じだよね。現在も別の形で表れているこの独善性がアメリカの本性だと断じたくなる。こちらがいくら鼻白んでも、向こうは強大な軍事力と経済力でやりたい放題なのである。

（二〇〇八年九月号）

「戦争の狂気」が極限に至る

まあ、ひどいことをするもんだ。『リダクテッド　真実の価値』（07　ブライアン・デ・パルマ）に描かれたイラク駐留米軍の行状である。

その非道は、擬似ドキュメンタリーという手法で暴かれていく。最初は一兵士の撮った駐屯地生活のビデオ日記が主観として据えられる。彼の属する六人構成の分隊メンバーが紹介され、勤務と日常生活の様子が克明に描かれる。そして、彼らが検問作業中に、妊婦を運ぶため病院へ急行していて検問所を素通りしようとしたイラク人の自動車に向けて発砲し妊婦を射殺してしまう。それは戦場ドキュメンタリー作家の撮った映像として示され、事件を報道するアラブ系ＴＶニュースにつながっていくという手の込みようだ。

かくして、日常的な民間人へのハラスメント行為に始まり妊婦射殺から少女レイプ、一家殺害、放火という犯罪行為がなまなましい臨場感をもって再現されることになるのである。もちろんその間には、民間人が仕掛けたと思われる敵対組織の爆弾により上官が彼らの眼前で爆死する惨事や、レイプ殺人の報復に別の兵士が組織に拉致され斬首される光景も差し挟まれる。暴力の連鎖？　しかし、それらの原因になるのは、あくまで米軍側の乱暴なふるまいだ。エピローグ部分で紹介される大量の民間人犠牲者の写真（これも擬似ドキュメントとおぼしい）が、作者の裁断の結果を物語る。

つまりこの映画は、自国が行ったイラクでの理不尽な行為への糾弾を目的としている。その率直さに対しては、こちらも率直に脱帽しよう。日本映画でも自虐史観と呼ばれるような過度の左翼視点から自国の罪を追及するものがあるにはあるものの、それらの場合必ず、意志強く罪を犯さない日本人あるいは日本兵がヒーローとなって「日本の良心」を気取る。『リダクテッド』には、そんな存在はいない。罪に荷担したり黙認したりした反省から事件を告発する兵士は出てきても、彼はヒーロー扱いなどされない。過ちを全面的に認める徹底した糾弾ぶりなのである。

ついでにこういった作品を許容するアメリカの懐の広さまで賞賛したいところだが、なかなかそうはいかない。〇七年のベネチア国際映画祭で最優秀監督賞を取った際もたいして祝福されず、国内の映画賞ではまったく評価を得なかったという。まあ、そうだろうね。自国の罪をできるだけ認めたくないのは、どの国にだって共通する心情だ。

ところで、自国の罪だけでなく他国の罪にも鈍感な日本では、この映画を単なる反戦映画くらいにしか受け止めていないのも仕方なかろう。デ・パルマ監督がベトナム戦争を題材に兵士の蛮行を暴いた『カジュアリティーズ』(89)のリメイク呼ばわりする文章を散見するのも、その程度の理解でしかない証しである。両者の手法面での違いを論じたものはあっても、内容の決定的違いに論及されることはない。

『カジュアリティーズ』は、ベトナム戦争という戦時下における民間人への残虐行為を扱っている。一方『リダクテッド』は、イラク戦争が終結した後の占領下でのこと。その違いは大きいのである。

戦争の最中に戦場にいる民間人をどうするかは、古今東西、各国軍隊共通の悩みだろう。『カジュアリティーズ』を見れば、北ベトナム軍と農民は渾然一体。米兵にはその区別がつかぬことも多々あったろう。疑心暗鬼になるのも無理からぬところだ。にもかかわらず、残虐行為は残虐行為という潔い判断がなされたことに、この映画の価値はあると、最近初めて観て思った。

同じようにわたしは、日本軍が中国戦線で行ったことが許されるとは思わない。だが、それが面白半分の蛮行とは限らず、誰が敵か不分明な状態での錯綜した状況もあったろうことは考慮する必要がある。逆に沖縄戦で犠牲になった民間人は、たしかに日本軍の責任もあろうが、米軍の無差別攻撃があったことも事実である。まして、ソ連軍が一九四五年八月の満州戦線で民間人に行ったことを考えれば、それが「戦争の狂気」として戦場の常であったと考えられないわけでもあるまい。

どの国の軍隊が行ったものであれ残虐行為が許されないものであるのは当然だが、その背景に「戦争の狂気」という普遍的な衝動があることは否めない。つまり、ある特定の国の軍隊だけを格別に残虐な存在だと指弾するのには、無理がある。日本軍の、ソ連軍の、米軍の……というより、すべての軍隊ひいてはすべての人間が陥る可能性のある極限状況があるのだという認識が必要だ。

軍隊の残虐行為を許せないわたしであっても、もし仮に過酷極まる戦場に長期間投入された場合、絶対に乱暴なことをしないという自信はない。「日本の良心」なんかにはなれないだろう。大江健三郎さんなら、そんな情けないわたしと違って良心を貫くんだろうけどね。わたしにできるのは、自分の弱さを認めつつ、それでも残虐行為があってはならないと自戒をも含めて主張することだ。

ただし、『リダクテッド』のように占領下の駐留となると、わたし如き匹夫でも乱暴を働かぬ自信がある。だって、常に敵が存在する戦場と違い、基本的には駐留側にのみ武力と権力があるのだから。ここで暴力を行使するのは、一方的ないたぶりでしかない。抵抗する武装勢力がいるって？　そりゃいるでしょう。

それらを制圧する必要もあるでしょう。だからといって占領している側が無差別先制攻撃とばかり疑わしきを撃っていたら、それは占領でも駐留でもない。ましてや、民主化を進めてやろうなんておこがましいにもほどがある。

『リダクテッド』が告発しているのは、そうした点なのである。戦争の悪を扱った映画はあまたあるが、占領、進駐の悪をここまで尖鋭に抉り出したところに、より大きな意味がある。というより、イラクあるいはアフガニスタンにおける最近のアメリカの占領、進駐の在り方に重大な問題があるのではないだろうか。日本への占領、進駐や韓国への駐留でも、これほどひどくはなかった。植民地支配の場合でも、こんなにまで民間人への残虐行為が常態化してはいなかったのではないか。

ゾンビに襲われるホラー仕立てながら、同じく擬似ドキュメンタリーの手法を使った『ダイアリー・オブ・ザ・デッド』（07　ジョージ・A・ロメロ）が提示するメッセージも鋭い。かつては同じ人間だった同士がゾンビ対人間の果てしない殺し合いを続ける絶望を描く中で、常に敵をでっち上げてあいつらを殺せという「正義の戦争」を戦うことの虚しさを感じさせる。

日本の善男善女も、テロ根絶のためならどれだけ民間人を殺しても当然、といわんばかりの『ワールド・オブ・ライズ』（08　リドリー・スコット）のような大作を観てディカプリオがどうのこうのと喜んでる場合じゃないと思うけど。

（二〇〇九年一月号）

いつまで続くのか、科学への盲信

麻生太郎首相が第何代総理大臣かを知らなくても、この人が第四十四代アメリカ大統領だってことは多くの日本人が知っているに違いない。バラク・オバマ。一月下旬の日本のメディアを、この名前が埋め尽くした。いったいどこの国の新聞？　どこの国のテレビ？　黒人、若い、賢い、カッコいい……と話題に事欠かないとはいえ、異常な報道過熱である。まあ、民主党の大統領候補選挙の時から異常だったけどね。CHANGEだっけ、YES WE CANだっけ。演説がうまいからって日本の政治家まで感動してしまい、その秘密はどこにあるか勉強してあやかろうというのだから、みんな英語力があるんだと驚く。わたしには、何を言ってるかちんぷんかんぷんだ。

まさか翻訳をテキストに真似ようってんじゃなかろうね。英語国の政治家が英語の文脈で英語国の国民に語りかける演説であることを忘れてはならない。日本の政治家は、日本語の文脈で日本の歴史と文化を踏まえ、日本語国の国民に語りかけなければならないのだ。

〇七年十二月十二日に全米公開され、日本でも翌週に公開された『地球が静止する日』（08スコット・デリクソン）のクライマックスでは、Change! とか We can change! とかの台詞が飛び交う。地球を守るために来たという絶対的力を持つ宇宙人が与えられている任務は、人類を抹殺すること。なるほど、戦争や環境破壊をしでかす人類さえいなくなれば、地球は安泰ってわけだ。で、地球人であるヒロインは必死で説得する。たしかに今まではそうだったけど、われわれ地球人は変わる、変われる、戦争をやめ環境を保全し、地球を守る。すなわちWe can change!と。

まるでオバマ大統領誕生を当て込んで作ったような映画である。それまで世界中で戦争をしてきたことも、京都議定書など無視してCO_2を出しまくってきたことも、ＣＨＡＮＧＥの一言でチャラ？　宇宙人は人類を滅ぼさずに去っていくしね。ただしそれはヒロインの言葉と真心を信じての結果で、アメリカ政府の対応はちっとも変わっていない。

宇宙人がなぜか広い地球上でよりによってアメリカに来襲するのは、アメリカ映画ゆえ仕方ない。しかし、アメリカの独断で初めから敵視して攻撃を加え相手を怒らせるのはどうだ。しかも、米軍の全力を挙げてもまったく歯が立たず人類滅亡一歩手前まで行く。

実はこの映画はリメイクで、一九五一年に作られた前作『地球の静止する日』（ロバート・ワイズ）では、世界首脳会議を開いて回答せよとの宇宙人からの要求に対し、冷戦下だったり国連未加盟国（日本も当時は未加盟）があったりで全首脳を集められないからアメリカが交渉に当たるとの設定だった。朝鮮戦争が勃発した五一年にはまだ少しは「世界の一員」意識を持っていたのが、今度は最初からアメリカの意思＝人類の意思というのだから、この五十数年の歴史の流れを改めて認識させられる。

さてオバマ新大統領は、戦争、環境問題に加え経済問題を抱えて快刀乱麻の処理ができるのだろうか。まあ、こちらはまったく思考停止で無能な国なのだから、そう言えた義理でもないのだが……。宇宙人が日本に来たら、いったいどうするんだろうね。

ところで、オバマ大統領の件で常に引き合いに出されるケネディ大統領。その演説を見られるのが『ザ・ムーン』（07　デイヴィット・シントン）である。「わたしは、この国が、一九六〇年代のうちに人間を月に着陸させて地球に無事帰還させる（という目標を達成する）ことを言明すべきであると信ずる」と名台詞で決めた六一年五月の有名な演説はカッコいい。『ザ・ムーン』は、この演説によって始まったアポロ計画の全貌を「NASA蔵出し、驚異の初映像」で描いたドキュメンタリー映画だ。

ケネディにかぶれた子ども時代を思い出した。今のオバマ騒ぎの段ではなかった。小学校二年生だったわたしでも、この新大統領の家族の名前や太平洋戦争での武勇伝まで知っていたほどである。彼が口にする宇宙への夢に、すっかり乗せられたものだ。もちろんこれは、六一年四月にガガーリンによる人類初の宇宙飛行を成功させたソ連への対抗政策だったのだろうが、ガガーリンの「地球は青かった」にも惹かれていたわたしは、宇宙への思いを募らせた。

しかし、六九年七月にケネディの言葉通りアポロ11号が月面に着陸した時、十七歳のわたしはすでにまったく興味をなくしていたのである。翌七〇年の大阪万博で展示された「月の石」を見たいとも思わなかったし、そもそも、大阪万博に行きたいという気持ちがなかった。宇宙や科学に対する熱はすっかり失せてしまっていた。

高校生のわたしは、ケネディがキューバやベトナムで何をしたか知ったし、戦争や貧困がある中で科学の進歩に熱狂するおめでたさにも気付いていた。でも、『ザ・ムーン』を観ると、さすがに東側諸国は別としても、六九年七月の世界は月面着陸祝賀一色なんだね。「人類にとっては偉大な飛躍である」というアームストロング船長の言葉を、世界が共有する気分だったのだろう。

それを、四十年後の現在からどう見るかが、今このテーマで映画を作る眼目だろう。

作り手は、ソ連の宇宙飛行への遅れを取り戻す焦りやベトナム戦争の泥沼化から目を背けさせるための国威発揚という要素を示し、「六〇年代のうちに」を達成するためにかなり無理のある開発をしたことを明らかにする。

また、ベトナムの空爆を空からの映像で見せ、地上戦は苦難の戦いだったにしても空軍の戦闘は東京大空襲やイラク空爆と同じく一方的だったとした上で、アポロ計画とベトナム空爆とが共に空軍パイロットによって遂行された任務であることを描く。

アポロ計画賛歌一辺倒でなく裏にあるものを感じさせるのは、たしかに悪くない。ただ問題は、宇宙へのあこがれから生じる科学技術に対しての手放しの信奉について無批判な点である。わたしのようなひねくれ者を除けば、月面着陸を目撃して科学の進歩のすばらしさに酔い、そのまま科学至上主義に走った人は少なくないだろう。

その結果日本では、文化予算が約一千億円に対し科学技術予算に四兆円も使って「科学技術立国」だって。月を文化的、文学的に捉える考え方より、日本も宇宙ステーションを……となる。科学を持ち出せばコロリと参ってしまうのは、「ゲーム脳」などといういかさま科学が危うく常識になりかかった一件でもわかる。

アメリカは、戦争の元凶であるだけでなく文化軽視の科学技術信奉をも広めてきているのである。

（二〇〇九年三月号）

奇異なり、加爆を責めぬ被爆の訴え

ああ、またか……と思ってしまう。

親日的で知られる某国で行われる、日本政府による初めての日本映画紹介上映に選ばれた十本足らずの作品のリストを見ての率直な感想だ。そこには、『夕凪の街　桜の国』(07　佐々部清)という広島の原爆をテーマにした映画が入れられていた。

ここには、他国で自国の映画を上映するに当たって、被爆国という特色を持ち出そうという意図が感じられる。ましてや、世界唯一の被爆国として原爆の被害を世界に訴えねばならぬ、という使命感とやらの産物だとしたら、考え違いも甚だしい。

誤解なきように断っておけば、わたしは『夕凪の街　桜の国』をすぐれた作品だと認めている。原爆の悲惨さを、昭和二十年八月六日(この日を「ハチロク」などという品のない略称で呼ぶのを、みっともないと思う)の地獄絵描写で強調するのでなく、十三年もの時間が過ぎた昭和三十三年の広島を舞台にして、そこで営まれている市民生活の毎日をたんたんと追っていくやり方がいい。

もちろん、そこには原爆の傷跡がさまざまな形で残されているし、後遺症で命を落とす人も少なくない。

だが、ここではそうした被害を声高に言い立てるのではなく、静かなタッチで観客の胸の中に届けていく。ことに秀逸なのは、日本社会における被爆者差別の存在を、避けて通らずに突きつけていることである。日本人が被害者なのではなく、被爆者が被害者なのだ。差別を通して日本人もまた彼らに対する加害者の立場にいたことが痛烈に表れている。

その意味で、これは多くの日本人に観てほしい映画ではある。とんでもない非人道的兵器によって被害を受けた同胞を差別する意識がわれわれの中にあった事実と正面から向き合う必要があると思うからだ。

また、この映画は、原爆を使用した者（言うまでもなくアメリカですよね）に対する直接話法での抗議が行われているという点でも注目に価する。被爆後十三年を経て、少女からひとりの女になったヒロインは、生き残った者として死者たちに対してうしろめたさを持ち続け、「うちは幸せになったらいけんような気がする」と独りごちる。それでも控えめに控えめに恋心を育てつつあったヒロインは、突然、後遺症により落命する。

そうした哀しい運命を持つ彼女は、「何で原爆は広島に落ちたんじゃ！」という言葉を聞きとがめ、「落ちたんじゃなくて落とされたんよ」と静かな語調で、しかし毅然として訂正する。そう、原爆は天災である雷のように偶然落ちたのではなく、アメリカによって広島が選ばれた上で意図的に落とされたのである。また、死の間際にはこうも言う。「原爆を落とした人はわたしを見て『やったぁ、また一人殺せた』って思うてくれとる？」。落とした人が誰かは、言うまでもなかろう。

「落とされた」のだということ、そして「落とした人」は誰かということを忘れて世界唯一の被爆国という被害だけを憶えていてはなるまい。誰が加害者か？　すべての日本人に、この映画を観てはっきり認識してほしいものである。

たしかに、戦争において日本が加害者であった局面もある。しかし、アメリカもまた重大な加害者だった。それをすっかり忘れ去り、原爆を弄ぶハリウッド映画『インディ・ジョーンズ　クリスタル・スカルの王国』（08　スティーヴン・スピルバーグ）を無邪気に喜んでいる醜さについては、「野卑と独善をきわめるL&S」の項で書いた通りだ。また、こういう手合いに限って、加害者としての日本を自虐することに熱心だったり、世界唯一の被爆国として原爆の被害を世界に訴えねばならぬ、という使命感を抱いていたりするのだから始末におえない。

『夕凪の街　桜の国』を観るべきは、ハリウッドかぶれの人々のように、誰が加害者かを忘れ去っている日本人なのである。被害者でも加害者でもない他の国の人々に見せようなどと思うより先に、自分たちの周囲の日本人に観てもらうといい。「世界に訴え」たがる連中は、トチ狂って原爆被害を訴える映画を中国で上映してみせたりして、日本が加害者だと思っている彼らを怒らせたりしているのだ。左翼と自認する人々のこうした独善的行為も、中国人の反日感情を煽ってるんじゃないの？

わたしは、日本が中国をはじめとするアジアの国々に与えた加害の歴史を否定しない。それについては、省みなければならぬと思っている。日中戦争において両軍ともに相手国の兵士や民間人を虐殺した事実があり、それは戦闘に勝利する局面の多かった日本軍の方により多くの機会があったろうと考えるのである。ただそれらは、戦争において常に起きる悲劇であり、錯誤や激情による偶発の産物であることが大半である。ある民族を根絶やしにする国家規模の策動や、核兵器の使用のような計画的な行為ではない。もちろん、偶発的だからといって免責されるものではないが、どちらがよりひどい非人道の行いであるかは明白だろう。

日本が中国などの国々に加害を反省して謝罪するならば、原爆に関してはアメリカに対してそれを求めていいに決まっている。原爆映画を他国の人に積極的に見せたがるなら、それはまず、第一にアメリカ人でなければなるまい。そうした当然のことも果たさずに、被爆地であることを理由にオリンピックを開催しようなどと目論む輩がいるのには驚く。

れっきとしたアメリカ人が作ったアメリカ映画（日本、韓国共同出資）『はりまや橋』（09　アロン・ウルフォーク）でさえ、アメリカの加害責任に言及しているというのに。

この映画で、六十年前に父親を日本軍の捕虜虐待によって亡くしたために日本を激しく憎むアメリカ人が日本人戦没者の墓地を「虐殺者たちの墓」と罵倒した時、たまりかねた日本女性がこう反論する。「あなたたちだって、フィリピンでも朝鮮半島でもベトナムでもイラクでも同じことをやっているじゃないか」

この監督が、アメリカ社会の中で差別されている黒人であることもあろうが、ここまではっきりアメリカの加害責任を暴いているのである。さすがに原爆までには触れ得ないにしろ、戦争の狂気を普遍的なものと認識した勇気ある自国批判ではないか。

被害ばかりを訴え、加害の責任を追及しようともせず『インディ・ジョーンズ』を楽しんでいる日本人ときたら、若い黒人監督が撮った『はりまや橋』の重要性に気付こうともしない。そんなお気楽な手合いに、平和の大切さなど説かれたくはないもんだ。

（二〇一〇年一月号）

4章 独善

SELF-RIGHTEOUSNESS

「独り善がり」の猥語をいつまで録音するのか

和歌山県太地町で行われているイルカ漁を指弾し、「反日映画」だとして右翼勢力から『靖国』（07　李纓）以来の上映阻止運動が起きた『ザ・コーヴ』（09　ルイ・シホヨス）は、アメリカ人監督の作ったアメリカ映画である。①内容が日本や日本人を誹謗するものであるかどうか　②上映阻止は表現の自由を侵害しているかどうか　の二点が問題となっているのも、『靖国』の場合と同じ展開になった。

これもあの時と同じく、報道では①と②が混同されて混乱を招いている。まあ、我が国のメディアの劣化は読者諸賢もご承知の通りのていたらくだから、この混同についてここで論じるのはやめ、①に絞ってみよう。

『靖国』は、日本と中国の共同資本によって製作された映画であり、その可否（これもここでは触れない）はともかく日本芸術文化振興会による助成を通して日本の公費が投入されている。したがって、これについての①を論議するのは国内問題だと言っていい。対して『ザ・コーヴ』は、れっきとしたアメリカ映画であり〇九年度アカデミー賞長編ドキュメンタリー賞受賞という「勲章」まで背負っている。

産経新聞から朝日新聞まで「アメリカを怒らせるな」キャンペーンを張る中、いかにもアメリカ的主張をするアメリカ映画の上映阻止運動をする右翼団体の心意気はなかなかのものだと思う。ただし、日本国民である配給会社や映画館が日本国内でその映画を公開しようとするのを法に触れかねない過激な方法で妨害する行為は、国内規範上で許されるものではない。

わたしは右翼思想の持ち主ではないので、まずは映画観客として、また映画評論家として『ザ・コーヴ』を観る。観た結果、レベルの低いドキュメンタリー映画だと思った（『靖国』の時もそうだった）。なぜなら、この映画に描かれているのは新たな事実の追究ではなく、予め知り尽くしていることを取り上げて叩くために改めて映像にして再認する作業、つまりプロパガンダでしかないからである。

「隠し撮り」といっても、貧しいドキュメンタリー作家の命を賭けた所業とは違う。まるで犯罪捜査のための盗聴盗撮のような構えで、用意周到に準備されている。どこからこんな多額の製作費を調達したのだろうと思いたくなる態勢である。ハリウッドの大作に使う特殊造形技術で作られた盗撮装置など、まるで軍隊装備のようなものものしさだ。小さな町の漁師たちと対峙するためには、お釣りが来るくらいだろう。

批判されているのは、太地町におけるイルカ漁の残酷さだけではない。国際的に合法なイルカ漁を許さないくらいだから、世界的な保護議論の争いがある捕鯨についてはもっと厳しく扱われる。一方でご親切にも、日本人のイルカ食習慣が水銀汚染の被害を生むかもしれないことを水俣病を引き合いに出して心配してくれている。

ただ、批判の矛先は日本にだけ向けられるわけではない。世界中にイルカショーを売り物にするテーマパークがあり、そこで莫大な収益を生む芸達者な種類のイルカが高値で取引される金権ビジネスの存在も取り上げられている。そのきっかけになった一九六〇年代の世界的人気ＴＶ番組『わんぱくフリッパー』（当時子どもだったわたしは一回も観たことないけど）もアメリカ製なら、テーマパーク事業もアメリカ発だ。調教師兼俳優として番組を成立させ巨万の富を得たその人リック・オリバー氏が、今や反イルカ漁運動の先頭に立って「贖罪」する姿が全編を通して描かれる。

この映画がアカデミー賞を受けたと聞くだけで、選ばれた理由が想像できるというものだ。かわいいイルカを残酷に殺す野蛮な習慣を糾弾する正義感と、リック・オリバー氏の贖罪の念への共感なのだろう。映画としての出来の優劣よりそこにアメリカ人を満足させる思想があるかどうかで、賞も決められていくのではないか。

事実、『キネマ旬報』七月上旬号「『ザ・コーヴ』、アメリカでの評価と実態」という記事で、「在米ライター」なる肩書きの日本人女性は、大絶賛と「感動した」との声が氾濫しているとレポートしている。で、観ることを拒否する人たちの理由は親愛なるイルカが殺されるのは目にしたくないという「優しい気持ち」からだそうなんですね。

《ある評論家は「これは誰もが観なくてはならない映画だ。その理由はイルカ漁の実態を知るためではなく、これが自分の人生で何か素晴らしいことをしようと力づける、インスピレーションを与える映画だから」と訴える》って、映画評論家がバカなのは日本だけじゃないのね。映画に描かれる事実よりも残虐行為をやめさせようとする正義感を大切にするのは、単なる自分の感想でしょうに。

さて、取るに足らない映画について長々紙幅を割いてきたのは、この映画の作り手の思想、それを観るアメリカ人の感覚が、他のさまざまなところにも共通していると思うからだ。彼らは、他国の習慣を自分たちの価値観と合致しないからといって一方的に誤りと決めつけ、それを改めてやるのが「自分の人生で何か素晴らしいことをしよう」とする行為なのだと純朴に信じている。また、仮に自分たちに過ちがあったとしても、それは贖罪によって赦されるらしい。

イルカでなくて人間が殺されるイラクやアフガンでの戦争に関しても、そうだ。『マイ・ブラザー』（09　ジム・シェリダン）では、アフガニスタンに出征した海兵隊の将校がゲリラに捕らえられ虐待や拷問を受ける。ゲリラのふるまいは野蛮で非道としか描かれない。彼らにだって正義感や愛国心はあるのにね。

殺さねばお前を殺すと脅されて部下の兵卒を撲殺したことが、親子二代の職業軍人である大尉のトラウマとなり、彼は帰国後心を病んで暴走する。

だが、ゲリラにもそうした葛藤はあること、大尉が救出される際、彼らが皆殺しにされることへは眼は向けられぬままだ。そして部下殺しの罪に悩む大尉は、妻にそれを告白することで懺悔と贖罪が果たされるがごとく映画はそこで救われるように終わる。え？　最愛の妻に己が罪を告白しただけで苦悩は解消されるの？　そこからが地獄だろうに……。

『グリーン・ゾーン』（10　ポール・グリーングラス）はイラクに大量破壊兵器なんか元々なかった、という今や世界周知の事実を、ドキュメンタリー・タッチの戦闘アクション物語に仕立てている。ここにも、イラクの人々の生活習慣を尊重する気配はまったくないし、ドキュメンタリーめかすことにより大量破壊兵器がなかったことを内部告発する陸軍士官がヒーロー然と描かれ、アメリカ政府の重大な罪は巧みに贖罪される。

この監督は、『ユナイテッド93』（06）でも、9・11事件の際ハイジャックされ、今では米軍機から撃墜されたとの疑いが濃い旅客機を、乗客がテロリストと戦ったとほのめかす当初のアメリカ政府情報に乗ったドキュメンタリー・タッチ劇映画に仕立てて想像を現実にフレームアップした前科がある。

ま、例によって日本の映画評論家ときたらドキュメンタリー・タッチの技術の巧さを褒めそやすばかりだけどね。『マイ・ブラザー』評で、主人公が出征した先がどこであるかにさえまったく関心を払わず役者礼讃ばかりを書きたてたものもあった。彼らのような受け止め方が、日本の善男善女の平均的なところなんだろう。

かくして、アメリカ的価値観の（それを意識させない）押しつけは着々と進んでいく。

（二〇一〇年九月号）

差別の土壌に育つ銃砲

またしても、アメリカでの銃乱射事件である。民主党の女性下院議員が狙われ、巻き添えで九歳の少女を含む六人が死亡した。こうした事件が起きる度に銃規制の問題が云々されるものの、一向に前に進む気配はない。犯行現場でたくさんの人が銃を持っていたら犯人を撃って悲劇の拡大を防げたのに……という論調さえあるらしい。

誰でも銃が持てる、というのは剣呑極まりないことだ。兵役経験のある韓国人の学生に聞くと、拳銃はライフル銃などと違ってコントロールが難しく、素人が振り回すとどこに弾が飛んでいくかわからないという。人混みで発砲された日には即乱射となり、周囲の者まで命を落としてしまうのである。

三億一五〇〇万人の人口で、銃の所持登録者だけでも八千万人以上というのだから、誰が持っているんだかわかりはしない。『クロッシング』（08　アントワン・フークア）の舞台であるニューヨークの犯罪多発地帯ブルックリン地区では、銃撃は日常茶飯事である。警官だって遠慮会釈なしに発砲するから、ほとんど戦場のようなものだ。いや、警官だって強盗や殺人をやってのけるのだからまったく油断ならない。

『ザ・タウン』（10　ベン・アフレック）の「タウン」とはボストンの一角チャールズタウン。全米で最も強盗犯罪が多い街というだけあって、拳銃どころか機関銃を抱えた銀行強盗が横行する。行内に居合わせた客は災難だ。犯人たちがＦＢＩや警察に追われると町中で熾烈な銃撃戦が起きるのだから、たまったものではない。

こんな犯罪街が生まれるのは、差別が存在するからだ。ブルックリンには黒人たちが、チャールズタウンにはアイルランド系移民が多く住み、そこから抜け出せないままに生涯を終える。そこにいる若者たちを、警察は頭から犯罪者扱いする。刑務所か、惨めな死か、いずれにしろ未来は暗い。『ザ・タウン』は、そうした現実をみごとな手腕で描ききっている。映画はみごとだが、こんな街には近寄りたくない。

ノーベル平和賞を受けたオバマ大統領は、受賞演説でこう言った。「平和を維持する上で、戦争という手段にも果たす役割があるのだ」。平和な状態を作るために、テロやならず者国家と戦わなければならないとの論理だろう。たしかに、アメリカは強いから相手を征伐してアフガニスタンにもイラクにも一見平和な状態を作ることができる。

で、そもそも銃撃や銀行強盗が常態化しているアメリカ自身のことを平和な国と言えるのだろうか。自国が、いつどこで銃撃に巻き込まれるのかわからない状態なのに、世界の平和を守る保安官気取りでいられる神経が理解できない。「その国民の血と力で六十年以上にわたり、世界の安全保障を支えてきたのは米国なのだ」とオバマは嘯く（受賞演説）。

まず自分の国を銃が乱射されない状態にすれば、と言いたくなる。赤ん坊まで入れた国民の四人に一人が銃を所持する国の大統領がノーベル平和賞なんて、ブラックユーモア以外の何物でもない。自国国内の安全保障もままならぬのに、「世界の安全保障を支えてきた」もないもんだ。

アメリカといえば、世界の平和を守るだけでなく、自由と民主主義の国だとも自任している。それは中国などと比べればそうだろう。しかし、他国の自由と民主主義のために戦っていると自負されると、素直には頷けない。『ザ・タウン』を観れば、すべての若者に成功のチャンスが与えられているなどというアメリカン・ドリーム神話とは程遠く、格差と差別の壁が厚いのがよくわかる。

もちろん、格差や差別はどこの国にも存在する。厳重な銃規制があり、女性でも安心して深夜の繁華街を歩けるくらいの治安を誇る日本や韓国だって、深刻な社会問題を内包していないわけではない。ただ、アメリカのように、自国が抱える問題を棚に上げて自由と民主主義をお題目にして他国の社会体制に口を出したり、盟主気取りになったりする愚は犯していないということだ（今の日本のていたらくでは、そうしようと思ったとしても無理だけどね）。

わたしがアメリカを信用できないのは、自国に甘く他国に厳しいダブル・スタンダードの気配を感じるからである。『ウッドストックがやってくる！』（09　アン・リー）は、一九六九年八月に開催されたロック中心の一大野外コンサート「ウッドストック・フェスティバル」の成り立ちを再現した作品だが、ここにも引っかかるものがあった。「愛と平和と音楽の三日間」と呼ばれるこの祭典には五十万人の入場者があり、ベトナム反戦気分の中、奔放に平和と自由を標榜した。映画の中にも夥しい数の聴衆が描かれる。ところが、わたしの見た限り黒人の姿がまったくないのである。

ベトナム戦争の暗いイメージから転じ、アメリカの明るい面を象徴するイベントとしてウッドストックは世界の若者を興奮させた。学生運動華やかなりし当時の日本でも、若者たちがアメリカ文化の明朗さを再評価するきっかけになったと言えよう。しかし、その「愛と平和と音楽の三日間」に黒人の姿がなかったとしたらどうだろう。

一九六四年に公民権法が成立し法的な差別が撤廃されたからといって、実態がすぐに改善されたわけではない。現在においてさえ、黒人に対する差別意識は根強く残り、白人に比べて低学歴の貧困層が多いのは事実である。六九年当時、音楽の祭典で平和や愛や自由を唱える余裕などなかったのではないか。ウッドストックが白人の祭典だったことを見過ごしてはならない。白人の間で、ロックやゲイやヒッピーやマリファナに対する偏見を打破したという意味の歴史的イベントだったのである。

ベトナム戦争は、黒人が軍隊で初めてまともに扱われた戦争である。第二次世界大戦では黒人は限定的に使われ、一部の兵士が黒人部隊として危険な戦闘に投入された。『セントアンナの奇跡』（08　スパイク・リー）には、その実態が描かれている。

さて、第二次世界大戦アメリカ軍での日系人の扱いをドキュメンタリーにしたのが『４４２　日系部隊　アメリカ史上最強の陸軍』（10　すずきじゅんいち）だ。開戦と共にアメリカ本土の日系人は財産を没収され収容所に入れられた。収容所組が４４２部隊に志願したのは、人種差別への反発という要素が強かった。自国民の財産や自由を奪う国のどこが民主主義国家なのだろうか。一方でハワイの日系人は権利を保護され、勇躍志願して４４２部隊でヨーロッパ戦線に赴く。たしかに勇戦した。しかし一方で彼らは、太平洋戦線では対日謀略戦や情報戦で活躍する。それはそうだ。彼らは日本国民でなくアメリカ国民だったのだから。

歴史を伝えるという意味で、それなりの価値がある映画なのは事実だ。しかし、この映画に関する日本人識者のコメントは大方が的外れ。「国のために戦った人たちを尊敬し、それに見合う名誉を与え、かつ強制収容を詫びる寛容さは、まさに大国の太っ腹でした」って、尊敬と名誉は当たり前、強制収容という蛮行を詫びるのは寛容でも太っ腹でもなく自由も民主主義も忘れた行為への当然の謝罪だろう。

日下公人氏の「勇敢戦闘は日本人の誇るべき特性だが、それが人種差別に対する戦いに発揮されていることについて、アメリカ人が気がつかないフリをしていることと、その厚い壁に二世の人たちが正面から挑戦したことの偉大さに深く共感して言葉が出なかった」という指摘だけが鋭かった。

アメリカにもいいところはたくさんある。だが、悪いところもたくさんある。悪いところをきちんと指摘できてこそ、「対等の日米関係」は生まれる。

（二〇一一年三月号）

ビンラディン私刑に走るオバマの眼

また、いかにもアメリカらしいことをやらかしてくれたものだ。

ウサマ・ビンラディンを発見するやパキスタンの主権を侵害することなどお構いなしに圧倒的兵力で襲撃し、有無をいわさず射殺したのである。驚くね。相手は武装していない丸腰だったというではないか。しかもまだ子どもである娘の面前で……。こんなやり方はとてもまともとは思えない。

果たして、9・11テロの現場グラウンド・ゼロで「殺害報告」の献花式を行った際、勝ち誇るオバマ大統領は、当時消防隊員の父を失った遺児である十歳の男の子から「もうちょっとひどくないやり方はなかったの？」とツッコまれた。このツッコミ、アメリカを除く国の人々の多くが言いたかったことではないだろうか。

ビンラディンがテロを指揮していたのは事実だ。死刑に値する罪を犯したと考える人が大半だろう。しかし、世界中のメディアで「ウサマ・ビンラディン容疑者」と報道された通り、殺害時点では「容疑者」なのである。普通に考えれば、逮捕して裁判にかけ、その上で死刑を含む刑罰を執行するべきだろう。実際、国連安保理決議でもビンラディン容疑者を「裁判にかけるために引き渡す」ことが求められている。

にもかかわらず、襲撃部隊には最初から射殺命令が下っていたというではないか。これではアメリカによる私刑だとしか思えない。

開拓時代を扱った西部劇には、私刑がよく出てくる。『トゥルー・グリット』（10　ジョエル&イーサン・コーエン）は、一九六〇年代の傑作西部劇と言われる『勇気ある追跡』（69　ヘンリー・ハサウェイ）をよりリアルな感覚でリメイクしたものだ。当時の西部の暮らしが、よく伝わってくる。父を射殺された十四歳の少女が、その報復のために金で連邦保安官を私用に雇い仇討ち、つまり私刑を果たす。

その頃とて裁判制度はあるのだが、それを適用すると、先に犯した他州での殺人容疑で裁かれるからそちらへ連行されてしまい、自分の眼で犯人の死刑を見られない。そのために私刑を選ぶのである。いや、そもそもこの連邦保安官自体が、かなり恣意的に犯罪者をいきなり射殺するような行状で問題になっている。要するに裁判はあるが、それを使わずに逮捕前に殺害するのだからビンラディンの場合と同じだ。まあ、それでもこの保安官は銃で応戦する犯人を撃つわけで、オバマよりまだましなのだけれど。

『トゥルー・グリット』では、町中衆人環視の中での絞首刑執行場面もある。三人の男が並んで絞首台に立ち、一斉に足場を外されて絶命するのを住民たちが見物する。オバマとその側近たちがホワイトハウスで遠くパキスタンでの襲撃戦をテレビスクリーンで見ている写真が公開されたのは、現代の公開処刑というわけか。いや、西部での公開処刑は一応裁判の結果だからまだしも正当性があるのだが。

で、憎きテロリストを討ち取ったオバマは英雄気取り。「アルカイダ撲滅を目指すわが国の取り組みにおける過去最大の成果」だと強調し、「ビンラディン容疑者の死は平和と人間の尊厳を信じるすべての人に歓迎されるだろう」「正義が実った」と演説する。

はしゃぐのはオバマだけではない。アメリカ国民の大半が歓喜したと言われる。そりゃそうだろう。9・

11テロの時には「リメンバー・パールハーバー」以来の復讐の念に燃え立った国だもの。

ホワイトハウスの前には「夜通し若者ら数千人が詰めかけ、星条旗を振り、『USA』を連呼し、敵の死を祝うとともに、大統領の功績を賞賛した。人々は口々に『米国にとって最高の日』『9・11テロ以来十年間の鬱憤を晴らした』と言い、戦勝記念日のようなお祭り騒ぎとなった」と毎日新聞の海保真人北米総局長は伝えている（五月四日朝刊）。

意気揚々と献花式に臨んだオバマは、少年に「ビンラディンが死んでどう思う?」と訊ね、快哉の響く返事を期待していたのだろう。ところが事件当時生後十ヵ月だったこの子には、まだアメリカのああした国民性は身に着いていなかったようだ。

アメリカの国民性と言えばもうひとつ。自分の家族を過度なまでに守護するところがあるように見受けられる。家族を守る映画の多いことといったらない。

『二〇一二』（09 ローランド・エメリッヒ）は、マヤ帝国の暦により地球滅亡の年とされている（まるでノストラダムスの大予言）二〇一二年に世界中で大地震や大津波、大洪水、大噴火が起こり、なぜか密かにそのことを予知していた各国は、共同で巨大宇宙船を開発し、限られたエリート層だけを脱出させようとしているという、パニック映画の要素てんこ盛りの馬鹿馬鹿しい話。

描写は主人公の家族が助かるかどうかという一点だけが中心に据えられ、脱出計画をめぐる駆け引きや政治動向は傍筋でしかない。で、庶民の彼らがうまく宇宙船にもぐり込み、離婚していた父親と母親は縒(よ)りを戻してめでたしめでたし。

西部劇を観るとよくわかるのは、開拓時代、自分たち家族の生命や財産を守れるのは自分自身しかいないということだ。村落共同体で守るのではない。だからどの家にも銃があり、怪しい者は容赦なく撃ち殺す。いつぞやハロウィーンの仮装で他家の庭に入った日本人留学生が射殺された事件は、その精神が現在にも脈々と通じているのを感じさせた。

『ザ・ロード』（09　ジョン・ヒルコート）となると、もっと露骨だ。こちらは、何らかの理由で終末を迎えてしまった後の世界。とにかくアメリカ映画は「世界が滅びる」系が大好きなのだが、これはアメリカが戦争に負け国土が空襲されたり蹂躙されたりした経験を一度も持たないことと関係するとわたしは睨んでいる。破滅したことのない国の潜在した「破滅願望」が地球滅亡を想起させているのではないか。

終末世界では、わずかに生き残った人間たちが限られた食料や燃料を争って殺し合いまでするサバイバル生活を送る。主人公とその幼い息子は、他人を信じず他人に与えず自分たち親子の生存だけを考えて生き抜く。弱い者を助けることさえしない。でもだからこそ生き残れるのだ、と映画は語る。東日本大震災で、日本人が略奪や窃盗をほとんどしないことが外国人から驚かれる。だがハリケーン災害などの時、略奪するアメリカ人とて目的は家族のために物資を確保するためなのかもしれない。非常時に他人同士助け合うことに重きを置かず、家族を守るのが至上命題なのだろう。

『フローズン・リバー』（08　コートニー・ハント）は、女性監督による貧しいシングル・マザーと先住民の女が心を通じ合わせるフェミニズム視点の物語である。ここでも、彼女たちが守ろうとするのは自分の家族だけ。彼女たちが生計を立てる密入国幇助の対象となるパキスタン人や中国人と連帯する気配はさらさらない。

同じく女性監督の『キッズ・オールライト』（10　リサ・チョロデンコ）は、同性愛の女性同士がそれぞれ人工授精で一人ずつ子を産み四人家族で暮らすという「進歩的」この上ない話なのに、進歩的な「父親役」ヒロインは、息子の不良っぽい友人を露骨に忌避、差別して息子を守ろうとする。

結局、この自分たち家族を守る、それ以外は敵だといった感覚が、アメリカ以外の歴史や文化や宗教に対して寛容さを欠き、そんな奴ら殺しても構わないという気分につながっていくのではないのか。ビンラディン射殺のニュースに手を叩き足踏み鳴らしＨＡＨＡＨＡＨＡと呵々大笑する姿を見ると、どうもそう思えてしまうのである。

（二〇一一年七月号）

技術の先端で技術の空疎を知る

ここでは、ほとんどアメリカ映画の悪口ばかり書いていることになる。

十代の生意気盛りに、外国のものは所詮外国のもの、まずは自分の生まれた国の文化を極めてみようと決心したために、日本の映画、小説、音楽にばかり接してきたわたしは、五十五歳にして初めてアメリカ映画をきちんと観る体験をした。そのへんが、子どもの頃からアメリカ映画、音楽、ファッションなどに浸りきって育った方々とは違っている。

寺島実郎氏は、戦後の日本は「アメリカを通じてしか世界を視ない」と評した（札幌における講演「世界の構造転換と日本の全体知」）。「Tシャツ、ジーンズの衣服文化から、コカコーラ、マクドナルドなどの食文化に至るまで、アメリカのものを何となくカッコイイとして受け止める不思議な文化を作ってしまった」という指摘は、映画や音楽にまで及んで首肯できる。

基地の街・横須賀生まれの小泉純一郎元首相は、その典型だ。プレスリーの真似をして顰蹙（ひんしゅく）を買ったばかりではない。日本映画『Shall we ダンス？』（96　周防正行）をハリウッドがリメイクした『Shall We Dance?』（04　ピーター・チェルソム）の日本公開の際、キャンペーンで来日した主演のリチャード・ギアを首相官邸に招じ入れ、一緒にダンスを踊ってみせるパフォーマンスを披露して宣伝に貢献した。

周囲からリチャード・ギアそっくりと言われてご満悦の首相……他国のスターに似ているのを喜ぶ国家最高権力者って何？ 佐藤栄作は十一代目団十郎似を自慢にしていたが、それならまだ納得できる。小泉元首相だけではない。共産党の志位和夫委員長もアメリカ好きを隠さないひとりだ。一〇年四月には日本共産党委員長として初めて訪米し、ブロードウェイのミュージカルを観た体験をうれしそうに語った。

わたしは、この人たちのようにアメリカに対する親近感を刷り込まれていない。Tシャツやジーンズになじめないし、コカコーラやマクドナルドも嗜まない。その一方で齢五十を過ぎるまでに、さまざまな社会体験をしたり学習したりして、アメリカという国の体制やふるまいについてそれなりの大人としての見方を身に着けてきた。

そうした眼で見ると、アメリカ映画の中にある世界観や文化意識が冷静に分析できる。「やっぱりハリウッド映画っていいですねえ」式のスノビズムや漠然たる憧れ抜きに、その映画の背景にあるものを窺い知ることができるのである。もとよりわたしには、アメリカへの恐れもなければ無邪気な崇拝感情もない。「トモダチ作戦」などと言われて自尊心をくすぐられる単純な国際友好感情も持ち合わせていない。

なにしろ9・11テロの後のアメリカがやっていることときたら、それまでに増してえげつない。一九五〇年代や六〇年代の古き良きハリウッド映画でも観れば別だろうが、二十一世紀に入ってからの作品は、軍事や外交が暴走しているのと同じく、世界市場を制覇している征服感の上に立って自分たちの価値観を押しつけるようなものが目立つ。批判して当然だろう。

しかし、この映画には素直に脱帽させられた。『SUPER8／スーパーエイト』（11　J・J・エイブラムス）である。

一九七九年、アメリカ内陸の田舎町にある鉄工場で事故が起きたところから物語は始まる。その事故で母親を失った中学生の少年は、数ヵ月後悲しみから立ち直り当時普及したスーパーエイト（8）フィルムを使って仲間と8ミリ劇映画を作っている。スーパー8は六五年にコダック社が開発した画期的8ミリフィルムだ。ちなみに日本では富士フィルムが同じ六五年にフジカシングル8を開発し、両者は競い合うことになる。アメリカの技術に日本が追いついた時代である。

夜中に家を抜け出しての撮影中、少年たちは大列車事故を目撃する。何十台もの貨車をつないだ列車が派手に脱線転覆炎上した結果、何か重大な国家の軍事機密が流出したらしく、空軍が大挙出動して厳戒態勢を敷く。そう、この田舎町の近くに「エリア51」と呼ばれる空軍の秘密基地があったのだ。核兵器の実験・開発など極秘の最新兵器が試作・実用化される基地であることが公然の秘密として知られている。

少年たちが事故の謎に迫っていく展開に、科学技術が急速に進歩し科学万能が信じられた当時の風俗がちりばめられる。テレビではスリーマイル島の原発事故ニュースが流れ、家庭には電子レンジが完備され、少年の部屋には初飛行間近のスペースシャトルのポスターが貼られている。街にはコンビニエンスストアが二十四時間煌々と灯りを点けて営業し、店員はソニーがこの年発売したウォークマンを使っていた。

そんなふうに科学技術の恩恵を享受していた時代、進歩と繁栄を疑わなかったアメリカ人たちの前に、エリア51に囚われていた宇宙人が脱走して出現する。空軍が全力を結集した捜索にも引っかからず、彼（?）は故郷の星へ帰還するための宇宙船再建造を開始する。町中の自動車エンジンや電子レンジが吸い寄せられ建造に使われるのを、阻止しようとする空軍が総力で攻撃するが歯が立たない。町民は、機密保持と安全確保のため基地内の施設に避難させられる。

スリーマイル島、町民避難、見えない敵との戦い……今の福島を想起させられる。無敵米軍の驕りから捕獲した宇宙人を兵器利用しようとして人類への敵意を植え付けた愚と、科学万能思想に溺れて起こしてしまった原発事故が重なり合って感じられる。三月十一日より前に作られたこの映画は、まるで福島の出来事を予見していたかのようだ。つまり、科学至上主義に異を唱える文明論の試みがここには元々あったのである。福島原発事故で日本人が直面している問題を、いちはやく提起している。

米軍の兵器は、ことごとく暴発させられ建造中の宇宙船に吸い寄せられて材料になる。敵意を持たせたために町民の何人かが拉致され危機に陥るが、それを解決するのは武力ではなく仲間の少女を救おうとする少年の純粋な意思が通じての結果だった。純粋な心や少年たちを守ろうとする親の愛といった科学とは無縁の人間同士の絆が、結局のところいざという時には力を発揮する。……こういう文明論を披瀝するアメリカ映画なら大歓迎。なにしろ、科学至上主義の権化自身がそう自省しているのだから。

ところが日本の映画ジャーナリズムときたら、この重要な視点に気付かない。わが『映画芸術』誌では荒井晴彦編集長とわたしがこの映画の文明論的意義について詳しく語っているのに対し、他の紙誌では製作者たるスティーヴン・スピルバーグの『未知との遭遇』（77）『E．T．』（82）などとの関連性にばかり目を向けて映画好きにしか通用しない蘊蓄（うんちく）だらけ。映画評論家の頭の程度はこれくらいのもんだ。スピルバーグの名前さえ出せばいいのか。

こんな手合いに限って、「大災害の前に映画は無力だ」なんてしかつめらしく嘯（うそぶ）く。無力なのはあんたたちの頭脳。映画が孕んでいるものをその時機に応じて社会の課題とからめて読み取ってこそ、映画は人々の考えや行動を変えるだけの力を発揮する。興行成績のトップを走るこの大ヒット映画の観客が科学至上主義の空疎さを感じてくれたとしたら、震災後の日本の進む方向へも何らかの影響を及ぼすだろうに。

『SUPER8／スーパーエイト』に続いて公開された宇宙人もの『アイ・アム・ナンバー4』（11　マ

イケル・ベイ）は、虚仮威しのアクション映画にすぎなかった。アメリカ映画全体は相変わらず粗い。にもかかわらず、日本にはそれを持ち上げて商売するアメリカかぶれの評論家たちがいる。こちらは、はっきり恥ずかしいとしか言いようがない。

（二〇一一年九月号）

強欲の炎を煽る臆病の風

またぞろアメリカの押しつけである。ＴＰＰ、結局参加することになるんだろうなあ。参加の是非について検討するのはいい。議論も結構。だが、きちんと時間をかけた議論で利害得失を精査した結果で判断するならともかく、「アメリカに逆らうと怖い」的な意識で慌てて対応しているのが明らかだ。

十一月十二日からハワイで開かれるＡＰＥＣの場で開催国アメリカの顔を立てるために参加表明しなければならないからそれまでに決めるなんて、期限を切られた宿題提出のようなもの。アメリカという先生から宿題を出されると必死になって期限までに形にしなければならないという強迫観念は、なんとかならないものだろうか。

普天間基地の移転問題だってそうだ。日本の首相は、宿題をもらうために訪米しているようなものではないか。日米同盟？ 冗談じゃない。どこが対等？ 対米従属とはっきり言った方が、まだしもすっきりする。

『天安艦沈没』（11　キム・ドギュン）は、昨年三月の韓国海軍哨戒艦沈没事故を扱った韓国ドキュメンタリー映画である。四十六人の若い兵士が死亡したこの事件は、北朝鮮潜水艇による雷撃の結果とされ、朝鮮半島南北間の緊張が一気に高まった。しかし北朝鮮は「戦果」を否定し、韓国も報復の戦端を開くことなく終わる。アメリカの軍艦がこんな目にあったら相手がどこだろうと即開戦！　だろうに自制する韓国には、平和志向と北への捨て去りきれぬ同胞意識があるのだろうかと推察したものだ。

一方で韓国のネット上では、本当に北の攻撃だったのかを疑う言論が湧き上がっていた。一説には、韓国人の六割が疑念を持っているとさえ言われる。なにしろ、大兵力による韓米海上合同演習の最中に起きた事故である。しかも沈没艦は米軍と共同して対潜水艦訓練を実行中だったというのだから、装備劣悪な北朝鮮潜水艇がそうやすやすと攻撃できるはずがない……というので、自ら起こした事故説、機密行動中のアメリカ潜水艦艇との衝突説、さらにはアメリカ海軍による誤爆説まで飛び出していた。

この映画は、それらをネット上に飛び交う噂に終わらせず、徹底的に検証した記録である。韓米両海軍による公式発表が、いかに矛盾に満ちているかを科学解明していく。明確な結論は出ないものの、北朝鮮雷撃説に大きな無理があることだけはわかる。「韓米同盟」だって、対米従属でしかないことも明白だ。

映画の最後に、この事故によって北朝鮮の危険性が強調され在日米軍の存在価値を強めて、鳩山政権の基地移転政策を葬り去ったとの見方が示される。たしかに、基地縮小や沖縄からの県外移設の話が急激に消え去り鳩山首相は失脚することになった。

実在の女性ＣＩＡ秘密諜報員を描いた『フェア・ゲーム』（10　ダグ・リーマン）を観ると、イラクに大量破壊兵器が存在しないのを明確に知っていたにもかかわらず開戦したことが証明される。同時に、ヒロインたち諜報員がどんなえげつない活動をしてアメリカに有利となる方向へ世界を動かしてきたかもわかる。彼女は、この映画の中では国家に裏切られた被害者であっても、アジアや中東の国々のアメリカから見て邪魔な人間に対しては容赦ない加害者でもあるのだ。

アメリカ情報機関が少女を生まれながらの凄腕暗殺者に養成するという『ハンナ』（11　ジョー・ライト）

が決して極度に荒唐無稽な話に見えないのも、自らの覇権や国益を守るためには何でもする国だと誰しもが無意識に認めているからだろう。韓国の軍艦が沈没した理由を隠すなど朝飯前なら、まともな情報機関のない日本を引っかき回すのはもっと容易な作業であるに違いない。

これだけたくさんのアメリカ映画でCIAの活動を見ていると、日本の観客はいつのまにか主人公側に立って物事を考えてしまい、CIAなどの情報機関が自分たちの味方だと錯覚しかねない。敵方になるのは昔はソ連など東側諸国、現在はイラクやテロリストといったところだから、そうだ！やっつけろ！となってしまう。でも、彼らの謀略は「同盟国」日本に対してもちゃんと向けられているのである。

ましてや、自国の経済が深刻な状態になってきている。アメリカ経済を安定させ再び繁栄させるためには、同盟国だろうが何だろうが容赦あるまい。自分の家族を守るためには殺人することに躊躇がない国なのだから。『スリーデイズ』（10　ポール・ハギス）の大学教授は、無期服役中の妻の無実を信じて脱獄させるために、麻薬売人だとはいえ赤の他人を二人殺して奪った金を準備資金にして恥じるところない。

元々が、他国の利害など関係なく自国中心の経済体制を押し通してきた国だ。ひとたび金融恐慌に襲われると、自らの不幸を強調したがる。その新自由主義経済に振り回された他国が不況で苦しんでいることなぞ、思いもよらない。

『カンパニー・メン』（10　ジョン・ウェルズ）は、金融恐慌に始まる世界同時不況によってリストラされるサラリーマンたちの話だ。MBAの資格を持つ三十七歳の主人公は、一億円近い豪邸に住み出勤前にゴルフを楽しむような生活をしていた。それが突如馘首（かくしゅ）されたからといって、同情できるだろうか。彼の高収入は、自社を含む多くの企業が人員整理したり合理化したりすることによってもたらされていたわけではないか。

彼ら超高給取りのリストラと、薄給で懸命に働く者の不遇とを混同してはなるまい。失業生活を大仰に嘆く彼らの誰が、リストラとかなんとか以前にそもそも極貧である最貧国の人々の生活に思いを致しているだろうか。こんな主人公たちに感情移入してあれこれ能書きを垂れている日本の映画評論家って、なんておめでたいんだろうね。『サウダーヂ』（11　富田克也）に出てくる荒廃した日本の地方都市とちゃんと向き合ってみろよ。

『カンパニー・メン』の主人公たちが金よりも人間の絆と価値転換して再生する姿を喜ぶ日本の映画評論家たちは、『マネーボール』（11　ベネット・ミラー）をどう見るのだろうか。

金に飽かして選手補強する常勝球団に対し貧しい球団を互角の地位に持って行く大リーグ球団ジェネラルマネージャー（ＧＭ）の話を、拝金主義に対する知恵の勝利と受け取る？　実際はそんなことじゃない。このＧＭはＭＢＡ資格保有の若者を雇いデータに基づく徹底した合理主義経営で成功するのである。貧乏球団が意地と情熱で団結するのではない。人間の絆とは無縁。何より、彼自身は高収入なんだもの。

一％の金持ちが富の大部分を独占するような国では、結局のところ国全体として「金よりも絆」の方向へは行かないだろう。「ウォール街を占拠せよ」運動もたいした効果があるとは到底思えない。むしろ、アメリカの大手製薬会社が巨額の利益を得ようと開発した新薬が有害ウィルスで人類を滅亡に至らしめ、一方そのウィルスは猿には有益で知能を進化させ地球が猿の支配する星になるという『猿の惑星　創世記』（11　ルパート・ワイアット）の方が現実味がありそうだ。

ま、『猿の惑星』は冗談としても、アメリカ人の強欲の犠牲にはなりたくないね。だとすれば、アメリカに隷従してばかりいるのでなく、相手の非に対してははっきりと異を唱え、自国がどうするかは自分で考える力をつけるしかない。「同盟」実は「従属」という虚構は早いとこ捨ててしまおう。

（二〇一二年一月号）

世界戦略にふけるゴーストたち

霞ヶ関の官僚たちが陥りがちな錯覚は、委ねられた公権力を自分固有の力だと勘違いすることだ。例えばわたしが文化庁の部長をしていると、補助金をもらった芸術団体が礼に来る。おかげで補助金をいただきまして……と。そう頭を下げられて、得意になってふんぞり返る奴がいる。国民がいい芸術団体に対し自分たちの税金を使って援助してほしいと決めてくれた、その意思を代行して執行したにすぎないのにね。もっとひどくなると、パーティーなどで有名な芸術家から丁重な扱いを受けているうちに、自分自身が芸術家か文化人になった気になるバカがいる。この手合いは、相手が話を合わせてくれるのをいいことに、芸術談義を持ち出したりする。大学で法律を学んだだけの秀才で芸術的素養なんかまったくないくせに、臆面もない。

外務省の何々スクールと呼ばれる専門家官僚たちの中にも、その手の勘違い人間がいるのではないだろうか。任地で外交官としてさまざまな特権をふるって暮らし、相手国の要人と接触するうちに自分もその国の人間であるような発想になってくるとか……。だって、日本よりアメリカの利益のために動いているとしか思えない外務省高官がいるではないか。昔だと、ドイツにかぶれ「姿勢から立ち居振る舞いに至るまでドイツ人以上にドイツ人的」と評された軍人出身の大使・大島浩などその典型だろう。

相手国のいいところと悪いところを冷静に情報分析し、自国にとって利益になる方策を立て交渉するのが外交というものだろう。ドイツの威勢が良いから「バスに乗り遅れるな」だとか、アメリカが望むから急いでTPP参加を表明しろ、とか、基地問題でアメリカの機嫌を損ねるな、とかは、およそ外交とは呼べまい。

こんなことを考えるのは、『聯合艦隊司令長官　山本五十六』（11　成島出）で対米戦争突入に至る経緯を改めて辿ったからである。ドイツが好きな外交官や軍人が日独伊三国同盟に走り、米英の国力を知る側はそれに反対して戦争を避けようとした……ってたって、結局はどこかで開戦に追い込まれただろう。日本が中国から撤兵しない限り、石油禁輸措置などの経済制裁は解除されなかったに違いない。

『シャンハイ』（10　ミカエル・ハフストローム）はアメリカ・中国合作のハリウッド映画である。もちろんフィクションではあるが、『山本五十六』で開戦が決定される一九四一年十月から十二月のシャンハイが舞台のスパイ・サスペンスという意味で興味をそそる。ここには、日本、中国、アメリカ各国の思惑が交錯する中、日本軍特務機関、シャンハイ裏社会を支配する秘密結社・青幇（チンパン）、抗日レジスタンス、アメリカ情報部員が暗躍する状況が如実に反映されている。

出兵している日本は日本なりに支配を確立させるべく動き、抗日勢力は生命を賭してテロを仕掛ける。青幇は、裏社会を仕切って安定した状況を作るため日本軍と妥協する。そんな中で、アメリカ情報部員だけが気ままに行動する。同じ西洋人であることを利してドイツ領事館に潜入したり、抗日勢力を密かに支援したり、青幇を利用しようとしたり、無原則に状況を引っ掻き回して混乱を煽る。

中国に領土的利権を持っていないアメリカとしては、列強のどの国にも主導権を取らせない勢力均衡の状態が最も経済的利得を生むわけだ。この映画を観ると、そうした力学がよくわかる。開戦情報を得て有利に戦況を進め目先の戦争に勝利しようなどという単純な諜報戦とは陰謀の巡らしようが段違いなのである。常に世界戦略を前提にするアメリカと東アジアくらいしか見えていない日本とでは、国力だけでなく長期的構想力の差で比較にならない。

戦後米ソ冷戦の時期になると、アメリカ大統領直属機関である中央情報局（CIA）が創設される。ライバルであるソ連国家保安委員会（KGB）と四十年にわたってスパイ合戦を繰り広げた。その間に、西側諸国にはCIA＝正義、KGB＝悪という図式が定着していく。それに大きく寄与したのがTVドラマ『スパイ大作戦』（66〜73）である。日本でも六七〜七三年に放映され大ヒットするなど、西側では世界的に人気を呼んだ。CIAとおぼしき機関から指令を受けたスパイが世界を股にかけ、さまざまな場面で大活躍する。

冷戦終結後になると、このドラマを人気俳優トム・クルーズ主演でリメイクした映画『ミッション：インポッシブル』（96　ブライアン・デ・パルマ）がCIAの下部機関の活躍物語として作られ、全世界のために活動する姿を強調した。これまた世界中で大ヒットし、シリーズ化されている。今回の四作目『ミッション：インポッシブル　ゴースト・プロトコル』（11　ブラッド・バード）では、クレムリンを爆破したテロリストと対決してモスクワ、ドバイ、ムンバイ、ブダペストを転戦する。アメリカの国家情報機関が、いつの間にか旧共産圏や中東まで含め世界を守るヒーローだ。

そんなフィクションに酔っていると、とんでもないことになる。現実のCIAは、アメリカの利益になるためなら何でもしでかすのだから。他国の指導者暗殺、情報操作、民衆扇動、親米政権樹立、果ては戦争の口実を作るための大義名分になるテロ集団でっち上げまでやってのける。その容赦ないやり口については前項で紹介した映画にもある通りだ。日本だって謀略の対象にされているのを覚悟しなければならない。

だって、最大の同盟国でありその国家機関である情報局秘密情報部（SIS）とCIAが緊密な連携関係にあるイギリスに対してさえ、油断できる存在ではなさそうなのだ。

『ゴーストライター』(10　ロマン・ポランスキー）は、ブレア前首相を思わせる英国前首相のゴーストライターが巻き込まれる政治サスペンスである。アフガニスタン侵攻やイラク戦争に当たってブッシュ政権の強硬策を最も強く支持したのがブレア英首相だったのは記憶に新しい。「ブッシュの飼い犬」とまで呼ばれていた。日本にも「ブッシュのポチ」がいたけれども、協力の度合は比較にならない。

映画の中の前首相も強引な米国追従姿勢が批判されて政権の座を去り、在任中のテロ容疑者虐待に荷担した疑惑でマスコミや反対勢力から追い詰められてアメリカ東部の小島に籠もり回顧録執筆中である。そのゴーストライターを務めるうちに、主人公は元首相が若い頃からCIAに仕込まれたエージェントではないかと疑い始める。

首相自身が若い頃から⁉ 日本でも岸信介CIAエージェント説はあるが、権力者になる前から取り込まれていたわけではなかろう。この時間と手間を存分にかけた陰謀の凄まじさに驚く。しかも真相は元首相でなく彼を支えた夫人がエージェントで、彼女が次期首相の候補になるかも……というのだから二度驚かされる。この長期的視野に立った周到な工作ぶりを見ると、まともな情報機関のない日本が太刀打ちできるわけがないと思い知らされる。

こんな話を荒唐無稽ではない重厚な実録ドラマ風に仕上げたのは、原作者であるイギリスの作家と冤罪(?)でアメリカを追われたユダヤ系ポーランド人監督だ。製作はフランス、ドイツ、イギリスの合作で、仏セザール賞、独ベルリン映画祭監督賞を得たがアメリカの映画賞では無冠だったというのも、なかなか意味深長である。昔から付き合ってきた欧州の国々はＣＩＡ慣れしていると言えるのかもしれない。

それにつけても、『ゴーストライター』を他国を舞台の面白いミステリー劇としか受け止めない日本人の無防備さには薄ら寒い思いがする。

（二〇一一年三月号）

ファクチュアル・アメリカVSアイディアル・アメリカン

ここでは何かとアメリカの非を咎めることが多い。それはアメリカという国の体質を問題にしているのであって、かの国に暮らす人々の営みを否定しているわけではないこと、読者諸兄姉にはご理解いただけていると思う。いくらわたしでも、今どきアメリカ人全員を「鬼畜」扱いする気はない。愛すべき人物も多いだろうし、感情移入できる場面だっていくらもあるだろう。

『ロッキー』シリーズ（76〜07　ジョン・G・アヴィルドセン、シルヴェスター・スタローン）の主人公ロッキーのように、大チャンピオンで国民的英雄になったり、米ソ対立の時代にソ連の「殺人マシーン」と闘って勝利したり、デビュー三十年後にカムバックしたりという超人的活躍で国威発揚するようなヒーローには鼻白むばかりだが、市井に生きる男たちとなると話は別である。

同じボクシングものでも、『ザ・ファイター』（10　デヴィッド・O・ラッセル）に出てくる兄弟ボクサーは地方の労働者の街に暮らしている。引退した兄が麻薬に溺れ窃盗事件で刑務所に入るような生活をしているのに対し、異父弟は着々と世界王座への道を歩み始めていた。マネージャー役の母やトレーナー役の兄と一旦は決別する弟が、結局家族で闘う道を選ぶ紆余曲折に、共感できるものがある。家族のしがらみ、貧しさからの脱出願望といった意識が共有できるからだろうか。

唯一の肉親である娘にも見捨てられ、落ちぶれてドサ回りの生活を送る元人気プロレスラーの哀歓を描く『レスラー』（08　ダーレン・アロノフスキー）や、かつての大ヒットシンガーが忘れられた懐メロ歌手になり酒浸りの地方営業に終始する『クレイジー・ハート』（09　スコット・クーパー）となると、日本にも居そうなキャラクターである。いや、日本映画じゃないかと錯覚してしまいそうなくらいだ。

洋の東西を問わない落魄（らくはく）の美学のようなものが、そこには感じられる。「落ちぶれ果てても平手は武士じゃ」（大利根無情）と流行歌にある『天保水滸伝』の平手造酒（みき）などを思い浮かべてしまう。女性用ソープで売春する接客男性にまで落ちぶれる売れないロック歌手を内田裕也が演じた荒井晴彦脚本（神代辰巳と協同）の『嗚呼！おんなたち　猥歌』（81　神代辰巳）にも同じ風情がある。

『レスラー』の男が場末のストリッパーに恋する気持ち、『クレイジー・ハート』の歌手がシングル・マザーの女性記者と何とか家庭を持とうとする努力、どちらも切なく胸に迫る。それだけではない。同じオジサン世代として、境遇こそ違っても何らかの身につまされる感情がある。

これらの女性版とでもいえるのが『ヤング≒アダルト』（11　ジェイソン・ライトマン）である。田舎町のハイスクールで女王様気取りだった美少女が、都会へ出て小説家になって成功したつもりでいる。だが四十近くなった彼女の生活の実態は、ヤングアダルト＝少女向け小説のゴーストライターで、それもシリーズ打ち切り寸前。離婚歴があって恋人はなく犬だけが相手の一人暮らしをしながら、時々男を漁っている。酒と男が趣味の荒んだ生活だ。

自己嫌悪に陥ったそんな女が、田舎に帰りさえすればいまだにスターで女王様だと思い込んで帰郷し、高飛車にふるまう。すでに妻子ある昔のボーイフレンドに言い寄れば自分に靡（なび）いてくると決めつけ、彼を平凡な田舎暮らしから脱却させてやろうとする。結局すべては空回り。実は町中の人が憐れみをもって彼女を見ていたのだった。わずかに、高校時代から見下していたデブでオタクで不具者の男だけが相手をしてくれる。

この女、どう思います？　醜い？　哀れ？　馬鹿？

わたしは結構、声援を送りたくなった。一敗地にまみれた彼女は、オタク男と一夜を過ごした後、一人再び都会を目指す。都会へ戻ったとて、ほとんど何も変わらないだろう。また同じような日々が待っている。それでも敢えて向かうからには、居直った新しい覚悟を秘めているのだろう。勝算なく立ち向かうダメ女なりの覚悟が、ちょっといいではないか。

こういうダメおやじ、ダメ女たちの行状を見せてくれるのなら、アメリカ映画も悪くない。……と思っているところに観たのが『人生はビギナーズ』（10　マイク・ミルズ）である。四十四年連れ添った妻を亡くした七十五歳の老人が、突然自分はゲイだとカミングアウトする。三十八歳の独身一人息子は慌てるが、老父はゲイ社会に踏み込んで若い恋人を獲得し男色に耽りつつ大往生していくのである。

一方で、死後とはいえ裏切られた感のある母親についても、息子の回想で語られる。ユダヤ人の彼女は、差別されてきた過去を振り切るように、またどこかよそよそしいところのある夫との距離を無視するように、率直に生きる人だった。ゲイを隠していた父とユダヤ人の母がそれぞれ持っていた密かな鬱屈が、二人の結婚した一九五五年以来のアメリカ現代史と重ね合わせるように描かれていく。

アイゼンハワーからクリントンまでの時代の明暗さまざまな事象がちりばめられる。映画は現在の息子の恋愛を中心に据えているのだが、わたしには彼の父母の人生が興味深い。アメリカが世界の覇権を握っていく時代に、心から陽気にはなれずに夫婦生活を送ってきた男女の長い時間を思うとせつない。彼らはダメ男でもダメ女でもないが、国を挙げて東側陣営やキューバと対峙したり、ベトナムを攻めたり、月面着陸を誇ったり、世界の警察を気取ったりする動きとは無縁に生きたに違いない。

その三十年ほど前を生きたFBIの初代長官J・エドガー・フーヴァーの人生と比べてみるといい。『J・エドガー』（11 クリント・イーストウッド）を観ると、自分＝アメリカという肥大した自意識に胸が悪くなる。一九二〇年代から七〇年代にかけて、敵国人、有色人種、ギャング、犯罪者、共産主義者……「アメリカの敵」を撲滅することに手段を選ばず、握ったスキャンダルで大統領を脅迫するほどの強権で内務情報を支配してきた。ゲイであることを生涯隠し通したこの男より、七十五歳にして告白し残りの人生を楽しんだ老人の方に、いうまでもなく人間臭さを感じて安心する。

ただ、「権力者は悪いが庶民は悪くない」的な単純理解をする気はない。アメリカの国家意思の背景には、民主主義を最も強く標榜する国である以上、民意が大きく横たわっているはずだ。民意が黄禍論をはじめとする外国人排斥、人種差別、リメンバー・パールハーバー、赤狩り、ベトナムやイラクへの侵攻、テロとの戦い等々を煽ってきた歴史を忘れるわけにはいかない。

『ものすごくうるさくて、ありえないほど近い』（11 スティーブン・ダルドリー）は、9・11テロで父親を喪った少年がその傷手から立ち直っていく話である。尊敬する偉大な父の足跡を辿って何か繋がりを保とうと足掻く中、肉親の死に喪失感を持つのはテロ以外の理由でも同じであり自分だけの悲劇ではないこと、母親もまた父の思い出を深く胸に刻んで苦しんでいたことを思い知り、「ボクだけ可哀想」というナルシシズムから抜け出すことができる。

でもね、少年がしでかすさまざまな行動が常に大目に見てもらえるのは、彼が9・11テロの犠牲者の遺族だからである。他の理由で家族を喪った者とは違い、明らかに特別扱いされているのは、それがアメリカの民意だからということに尽きる。リメンバー・パールハーバーと同じく、リメンバー9・11なのだ。自分たちは全然ひどいことをしていないのに不意打ちを仕掛けてきた奴らは絶対の悪、との決めつけで、アフガニスタンにもイラクにも、テロとの戦いを仕掛けていく。

アフガニスタンやイラクでアメリカ軍の空爆に遭って死んだ民間人の息子だって父親を突然亡くした喪失感に襲われるだろうなどとは、まったく思っていない。『ものすごく……』の少年が、そのことにまで気付くのならすばらしいが、映画のもたらす想像力は結局アメリカ社会の中だけの範囲で終わる。少年が苦しんでいる9・11から一年後の時期、すでにアメリカ軍はアフガニスタンをじゃんじゃん空爆していた。

まあ、もっとおめでたいのはアメリカべったりの日本人たちだ。『ものすごく……』における9・11と日本の3・11（この表記は不愉快。ちゃんと「あの震災の日」と書けよ。どうしても略称したいなら、二二六と同じく三一一であるべきだ）を結びつけて論じるバカがいる。浴びた災厄の性質がまったく違うのにね。

あちらは、いわば自業自得のようなもの。イスラム圏をはじめとする持たざる国々に対し、経済的に手を差し伸べないばかりか異文化世界として文化理解すら拒んでいたのだから。それと自然災害とを一緒たにして論じる愚者を、バカと呼ばずにどうしようか。共通する点といえば人が突然大量に死んだことと、あとは9・11と3・11の子どもでも思いつく数字の「語呂合わせ」でしかない。

そういえば日本の進歩的知識人がはしゃいでいた「ウォール街を占拠せよ」って騒ぎ、あれは何だったんだろう。“We are the 99%”も結構だけど、それはアメリカ国内の話でしょう。自分たちが新自由主義のグローバル経済とやらをやったんだから、アメリカの九九％を言うなら世界の九九％を考えなければ。ウォール街で騒いだ人のほとんどは、世界でなら一％の側だろう。

だから所詮アメリカ国内の運動なのだ。にもかかわらず尻馬に乗ってはしゃぐ日本人がいるのには呆れる。進歩的知識人を名乗る人々だって、世界では一％側のはずである。自分たち恵まれた側が、世界の九九％に対して何をすべきかを己の知力を振り絞って考えてみるといい。

アメリカのことしか頭にないアメリカ人にも困ったものだが、もっと困った存在は、「アメリカのことしか頭にない日本人」である。

（二〇一二年五月号）

リメンバー、「リメンバー・パールハーバー」の悪宣伝

平成二十三年三月十一日が、日本人にとって忘れられない日であることに異論はない。だが、前回も書いたようにそれを9・11と一緒くたにして3・11と表記することには激しい違和感を覚える。たとえば、某映画評論家がしたり顔で書くこんな文章だ。

《……当然、同様の意識は〝3・11〟以降を生きる日本でも切実に共有されるはず。》

何を共有するかって？「無力な個人が、時代や社会の圧倒的な荒波に翻弄される、一種の不条理感」なんだそうです。この文章は、前項で紹介した『ものすごくうるさくて、ありえないほど近い』に関するもの。つまり9・11テロの被害の不条理と地震による津波の不条理とを同列視しているのである。馬鹿言っちゃいけない。大国の傲慢に対して行われたテロと自然災害とは、まったく違う性質のものではないか。

また、9・11テロは、アメリカだけの問題ではなく世界的な規模の事件と言える。それは、日本をはじめとする他国の人間も犠牲になったという意味ではなく、アメリカのような大国が武力で押さえつければ世界を支配できるはずと考えた世界観に弱小勢力のテロが一撃を加えた衝撃が生む意識転換が重大だからである。

それに比べると、昨年三月十一日に起きたことは、あくまで日本人にとっての重大事にすぎない。9・11のように世界中で強烈に記憶される日付ではなかろう。死者・行方不明者九万人以上の四川大地震が起きた〇八年五月十二日や二十二万六千人が亡くなったスマトラ沖大地震の〇四年十二月二十六日を、世界のどれほどの人が憶えているだろうか。それらは、巨大な自然災害ではあっても全世界の人々の世界観を覆すようなものではない。

われわれ日本人が不条理の襲ってきた日として三月十一日を永く記憶するのは当然としても、アメリカ人にとっては四川やスマトラ同様に忘れ去っていく日付だろう。それ以外の国々でも同じだ。それを、世界中が9・11と同じく〝3・11〟を胸に抱き続けるはずと信じているとしたら、よほどおめでたい。だって、そんな人は自分の国や民族への思いと他国や他民族へのそれとが画然と分けられることに気付いていないんだものね。

アメリカでは、七十一年前の十二月七日（日本時間八日）がいまだに忘れられない日となっている。真珠湾攻撃の日。日本との戦争が始まったことよりも、宣戦布告なしに「騙し討ち」された怒りと怨みゆえである。なにしろ領土を攻撃されて一敗地にまみれた経験はこれが唯一だったから、9・11の時に「パール・ハーバーと同じ卑怯な攻撃」と喧伝されたことを、日本人は憶えていない、というよりその意味するものもわかっていない。

テロと戦争行為を故意に混同してみせ、一九四一年における「リメンバー・パールハーバー」の世論と同じように「テロリストを許すな」との国内世論を形成しようとしたわけだ。結果的にそれは大成功して、アフガニスタンやイラクへの空爆は国民から熱狂的支持を得た。それはまあ向こう様の国内政策だから我慢するとしよう。問題は、9・11から八年後の〇九年の十二月七日をレポートしたネット記事によれば、アメリカにおけるマスコミ報道がいつの間にか真珠湾攻撃を「9・11のような行為」と断じているという歴史の歪曲である。

本来、宣戦布告後でなければ軍事攻撃を行ってはならないというのは国際法上の理想論であり、ほとんどの戦争は布告なしに最初の攻撃が行われているのは、本誌読者諸兄姉であれば先刻ご承知だろう。アメリカは、単に先制攻撃され大損害を受けたのが口惜しくて「卑怯な攻撃」とか「屈辱の日」とか言っているにすぎない。

『バトルシップ』（12　ピーター・バーグ）は、他ならぬその真珠湾に日米艦隊が舳を並べる話である。環太平洋合同演習（ＲＩＭＰＡＣ）に十四ヵ国が参加と説明される中、演習中に来襲した宇宙からの敵（例によって理屈外れに強い荒唐無稽な代物だけどね）と戦うのはアメリカ海軍とわが海上自衛隊の二ヵ国の艦艇だけという設定になっている。ま、実際の前回一〇年のＲＩＭＰＡＣでも実際に艦艇を出したのは日、米、韓、加、豪の五ヵ国だけだったらしいけれども。

それでもその中で日本の自衛艦「みょうこう」だけがアメリカ艦隊と共闘してエイリアンに立ち向かうというのには、日本のスター浅野忠信を艦長役に起用し日本市場を狙う計算だけではないものを感じてしまう。なにしろ、参加各国を指揮する米海軍司令官が演習開始セレモニーの場に使うのは湾内に係留されている記念艦ミズーリなのである。

第二次世界大戦時の新鋭戦艦ミズーリは、一九四五年九月二日に東京湾上で日本の連合軍に対する降伏文書調印の場として使われた。それこそ、日本にとっての「屈辱の日」の舞台である。また、この巨大戦艦は戦争末期に硫黄島、沖縄、室蘭、日立に対して艦砲射撃を行い、壊滅的打撃を与えた。……そんなことを思うと、到底、アメリカ海軍将校と日本自衛官の「言語や人種を越えた絆」に酔う気にはなれない。

両国の間に横たわる歴史や文化の違いだけでなく、同じ歴史的事実であっても勝者と敗者、支配者と被支配者の側では見方や受け止め方が異なることをきちんと認識して初めて、対等の相互理解ができるのではないのか。対韓国のように、こちらが勝者や支配者であった歴史を持つ国に対しては、過度に神経質なほど違いを意識する進歩派気取りの文化人やメディアが、ことアメリカに対してはこちらが敗者で被支配者であるのを忘れ、まるで同質の文化を持つかのような錯覚に陥っているのは滑稽でしかない。

彼らが賞揚するアメリカの民主主義だって、決して理想的ではない。現在の日本の議会制民主主義が惨憺たる状況だから大統領制が隣の芝生に見え、「首相公選制」などという野望にかられる輩が出てくるわけだが、大統領制とて決して完璧ではあるまい。歴史も文化も違うのに、他国の制度がそのまま通用するわけがないだろう。それでも、オバマ対ロムニーの選挙が始まれば、自国の政治への当てつけのようにそちらを理想視しそうだ。

『スーパー・チューズデー　～正義を売った日～』（11　ジョージ・クルーニー）は、大統領選挙民主党予備選の裏側を描いている。候補同士が討論会や番組で政策をぶつけ合うサシの論戦をするのはカッコイイし、インターン生を含む若いスタッフが一丸となって選挙戦略に当たる活力も清々しく見える。主人公の若き選挙参謀が担ぐ候補はハンサムでリベラル。理想を熱っぽく語る。

しかし裏側は、日本政治と同じくらい、いやそれ以上に醜い。打算と権力欲、出世欲にまみれており、スキャンダルが流れ金が動き謀略が横行する。クリントンを思わせる候補は、やはり若い女性インターンに手を出し妊娠させていた。女は死を選ぶが、それをよってたかってもみ消し葬り去る。裏切りや恐喝も交じっての腐敗した舞台裏をよそに、表の選挙戦は粛々と進んでいくのだった。

そんなもんだろう。「正義を売った日」なる副題は日本の配給会社が付したものであって、この選挙戦のどこにも正義なんて存在しない。政治や選挙が正義のために行われているというおめでたい前提に支配された副題の付け方である。まさか、アメリカが「自由と正義の国」なんて本気で信じているんではないだろうね。

現実を直視しなければ、理想は語れない。

（二〇一二年七月号）

5章 勝者

「凡庸なる超人」のための著作権

アメリカ映画が日本で「世界最速公開」とか「世界同時公開」とかいうことになると、そのマスコミ試写はものものしい雰囲気になる。試写室に入る者は全員携帯電話を提示させせられ、電源を切った上で映画会社側の用意した分厚い紙袋に封入されてしまう。携帯の写真や動画を写す機能で映画画面を撮影され、その映像がネットなどに流出したり海賊版ＤＶＤになって販売されたりするのを阻むのが目的なのだろう。携帯を封印されるってことは、盗撮する疑いの対象になっているわけである。愉快じゃないのは当然だ。空港の搭乗口で身体検査されるのは機内の危険を防止することで自分の安全にもつながるから甘受できても、これは単に相手の知的財産権を守るためのものでしかない。試写は無料で取材のためのものだとはいえ、一方で映画の宣伝にもなっているはずであり、映画会社側から招待されて初めて入場できる。いわば招待客の身体検査をしているようなものではないか。

こんな無礼が罷り通るのは、ハリウッド映画の場合だけである。日本映画だって盗撮され海賊版になったら損害を受けるだろうが、これほど厳重な防護措置はとらない。

著作権問題がアメリカ基準の世界への押しつけであることは周知の事実である。そもそも、東洋においては著作権という概念は希薄だった。日本には、「本歌取り」をはじめ先行する作品を借りて表現する伝統があったではないか。現代でも、手塚治虫の外国における著作権使用に対する鷹揚な姿勢は広く知られている。それもあって、ディズニー映画『ライオンキング』（94　ロジャー・アレーズ、ロブ・ミンコフ共同監督）の手塚アニメ『ジャングル大帝』盗用疑惑はうやむやになった。

中国の影響を受けた東アジアの国々にはそれと同じような意識が共有されていたにもかかわらず、明治政府は欧米に認めてもらうためにベルヌ条約に加盟して欧米基準に追随した。著作権なんて知らないよ、とばかり勝手なふるまいをしてアメリカを怒らせる中国の方が、むしろ東洋文化の伝統には忠実なのである。

戦後の日本はすっかりアメリカ追随となり、著作者の死後三十八年だった保護期間を一九七〇年にはアメリカに合わせて五十年に延長した。映画の場合だと公表後五十年である。で、ウォルト・ディズニー（一九六六没）の作った映画の公表後五十年が近づいてくるとアメリカは五十年を七十年に延長し、日本にも同調を迫る。例の「年次改革要望書」だ。その圧力に屈し〇三年に法改正して映画に関しては公表後七十年となった。その他の分野についても延長の検討が続いている。

わたしとて著作権の重要性は認識しているし、可能な限り尊重されるべきだと思う。しかし、ディズニー作品が公表後七十年に達したらアメリカはさらに延長を言い出すのではないかとの疑念は拭えない。ＦＴＡやＴＰＰでもそうだが、譲歩を迫られる一方の関係性からすれば日本の独自性発揮は期待薄である。

また、著作権主張のために著作物の「買い手」である消費者が必要以上に不快な目に遭うのも我慢ならない。試写はともかく入場料を払って映画館へ入った観客が映画開始前に必ず見る羽目になるのは、盗撮防止キャンペーンのＣＦである。

そこでは、盗撮の罪の重さが語られるだけでなく、館内で盗撮を見つけたら密告しなさいと言わんばかりのナレーションがある。実際、画面の中の女性観客は犯行を通報して犯人摘発に貢献する。だが、次のシーンでは彼女が自室のパソコンで不法に流されている映像をダウンロードする姿が映され、違法性を指摘される。これでは、観客は密告を奨励された上に今度は違法行為者呼ばわりされているようなものではないか。こうまでして著作権保護?

さて、携帯を封印されて観た「世界最速公開!」の『アメイジング・スパイダーマン IN 3D』(12 マーク・ウェブ)はというと、3D立体映像を使った、ただの「飛び出す見世物」でしかない。アメリカン・コミックスのヒーロー=スパイダーマンって、要するに低俗漫画の人気者だから、当人に社会的思考も人間的懊悩もない。所詮は、異種間遺伝子交配研究の産物として作られた特殊な蜘蛛に噛まれたため人間の身に蜘蛛の卓越した身体能力を授かった理数オタクの高校生が自己の力に酔って暴れ回る話に終わっている。

この映画、思惑通り日本で大ヒットできるのだろうか。常に「アメリカ映画大好き」だった日本人の間で、アメリカ映画離れが顕著になってきている。長らく五〇%前後を占めてきた日本での興行収入シェアが、今年は三〇%台まで下がっているという。その原因を、若者が内向きとか、学力低下で字幕が読めないとかの俗説に結びつけるのは素人談義。興行の専門家は、アメリカン・コミックスのヒーローが超人的活躍をするのを3Dの派手な大作にでっち上げる類の作品だらけなのが飽きられたと分析する。

だって、人間じゃないスパイダーマンが、これまた人間の変異したトカゲ男と戦うのでは、人間ドラマなど生まれるはずもなかろう。アメリカ映画の大作に出てくるのは、超人、軍人、モンスター、宇宙人、テロリスト……およそ普通の人間ではない。不出来のものが多いとはいえ曲がりなりにも日本社会に生きる人間を描いている(裏を返せば超人が活躍する巨額予算の大作なんて作れない)日本映画の方に、観客は集まってしまう。

もちろんアメリカ映画とて、超人ものばかり製作しているわけではない。男女や家族をテーマにした普通の人間を見つめる類の作品もある。だが、こちらの人間ドラマにしても観る者の胸を打つにはほど遠い。『君への誓い』（12　マイケル・スーシー）は、事故で恋愛して結婚してからの記憶だけを失った妻に寄り添い、愛を再び実らせようとする夫の苦闘物語だ。全然リアリティの感じられない絵空事っぽいストーリーを、実話の映画化であることを理由に納得させようとしても、観る側はついていけない。夫の一方的な愛情の押しつけと妻の記憶を蘇らせようと苦心する自己犠牲ナルシシズムに閉口させられる。

『幸せの教室』（11　トム・ハンクス）は、トム・ハンクス、ジュリア・ロバーツという二大ハリウッドスターが共演する大人のファンタジーである。勤務先を高卒の学歴故にリストラされた独身中年男が社会人カレッジに入学し、学生生活を送るうちに女性教授と恋に落ちる。学びの喜びに目覚める男の真情にほだされ、投げやりに仕事をしていた教授がだらしない夫と別れて再出発するのが筋立ての中心だ。

ところが、肝心要の「学びの喜び」に説得力がない。女性教授が担当するスピーチの授業は、何の深みもないいい加減な代物だ。これで学生と教授の恋愛に共感しろといっても、鼻白むしかない。ただ単に、欲求不満の中年女が、夫に絶望した後の絶妙のタイミングで都合のいい男を獲得したとしか見えないのである。

『幸せへのキセキ』（12　キャメロン・クロウ）も、マット・デイモン、スカーレット・ヨハンソンのスター映画だ。最愛の妻を亡くして虚脱状態の男やもめが二人の子どもを育てつつ経営困難な動物園の再建に乗り出す。みごと経営を軌道に乗せるとともに母の死を受け止めきれず自棄気味の長男を立ち直らせ、気の強い女性の動物飼育責任者と新しい恋愛関係を築く……って都合のいい展開を一方的に押しつけられては、ハイハイわかりましたと受け流すしかない。

この程度の人間ドラマなら、たとえ安直な恋愛劇でもお涙頂戴劇でも、自分に身近な日本映画の方がマシに決まっている。質の低いアメリカ映画に付き合う観客が減っていくのは、当然の趨勢ではないだろうか。

（二〇一二年九月号）

アメリカの操縦を脱するイラン、それを喜ぶ日本

もう、うんざりですよね。

戦後七十年近く経つというのに、いまだにアメリカのいいようにされているなんて。保守の立場だろうが、左翼の立場だろうが、そのことについての嫌悪感や屈辱感は持つべきだろう。独立国でありながら何でもアメリカの言いなりになっていることは、どのようなイデオロギーに照らしても、愉快であろうはずがない。

再選されたオバマ大統領がＴＰＰ加入の圧力をかければ、野田佳彦首相はそれに忠実に従おうとする。ろくに国内での検討も行われていないのに、大統領選挙が終わったとたん次期総選挙の争点に浮上してくる有様だ。

野田内閣が九月に「二〇三〇年代に原発稼働ゼロ」を閣議決定しようとした時には、日米協議の席上で「プルトニウムの蓄積は、国際安全保障のリスクにつながる」などとして強い懸念を表明し決定を見送るようにアメリカ側は求めた。その上、「くれぐれも外圧と取られないように注意してほしい」と口止めまでしていた（東京新聞十月二十日朝刊）というのだから図々しい。でも政府はそれに従って閣議決定中止だけで

なく、検討していた「原発ゼロ法案」まで棚上げにしてしまった。

沖縄となると、鳩山首相が基地の県外移設を唱えて失脚して以来、全部アメリカのなすがまま。移転が進まないどころか、住民の反対を押し切って日本政府の助力で剣呑な輸送機オスプレイを強引に配備する。そのさなかに、兵隊は女性を暴行するわ、それによって出された外出禁止令を破って酔った米兵が民家に侵入して少年を殴るわ、やりたい放題だ。沖縄の人々の中に日本からの独立論が出ても、われわれはそれを止められまい。

ただ、アメリカは日本に対してだけ尊大に振る舞っているわけではない。世界中の国に対して、恫喝したり陰謀を巡らしたりして自らの思う方向へ導こうとする。

アメリカが中国に対する人権抑圧批判として肩入れしてきたチベット亡命政府の歴史を初めて詳しく知ったが、米中関係の中でアメリカに都合がいいように使われてきたことがわかる。ダライ・ラマ十四世がインドへ脱出した頃、チベットの兵士が沖縄やアメリカ本土でゲリラ戦訓練を受け、工作員として中国に送り込まれたこと、ニクソン訪中による米中接近で彼らは見捨てられたこと……さもありなんと思わせる。

『アルゴ』（12　ベン・アフレック）が描くのは、アメリカの戦後イラン政策の顚末である。冒頭、ちょっとふざけた漫画紙芝居風描写で歴史が説明される。一九五三年、石油利権を確実にするためにＣＩＡの策動により石油国有化を図りソ連に接近していた当時の政権を打倒し、国外に追われていたパーレビ国王（本当はモハンマド・レザー・シャーというらしい）を擁立して傀儡政権同然にイランをコントロールしたのである。

アメリカの庇護の下、開発独裁による近代化を進めたのはいいとしても、強権体質と個人的浪費が目に余り、反体制運動が高まる中、七九年一月に亡命を余儀なくされる。イラン革命である。逃げ出した国王はエジプトをはじめ各国を転々とした末に、癌治療のためと称してアメリカに入国許可を求めた。そりゃ、アメリカも粗略にはできなかったのだろう。入国を認める。

それが革命勢力を激怒させた。といってアメリカも、国王の身柄引き渡し要求に応じるわけにはいかない。その結果生起したのがアメリカ大使館占拠事件である。映画『アルゴ』は、そこから始まる。占拠の際間一髪で大使館を抜け出しカナダ大使公邸に駆け込んで匿われた六人の大使館員が救出されるまでの物語だ。

元々、この事件では最終的に大使館員全員が無事救出されているのだから、史実に沿ったものである以上、うまく助けられるかどうかのハラハラドキドキは最初から存在しない。アメリカの観客はそれを承知の上で、イラン人たちをもののみごとに出し抜く手際に対して快哉を叫ぶためにこの映画を観るのだろう。自国の勝利を改めて追体験する喜び。野球やサッカーで、贔屓のチームの勝ち試合の録画を繰り返し観て勝利の味を反芻するファンのようなものか。

見せ場は、六人を中東が舞台の映画のロケハンをするためにイランを訪れたカナダの映画撮影チームのメンバーに仕立上げ、何食わぬ顔で国外へ連れ出そうとする大がかりな仕掛けである。ハリウッドの楽屋ネタ的なものも盛り込みながら、とんだ「撮影隊」が編成され、映画には素人の外交官たちに俄芝居をさせながら仕掛けを成功させていくＣＩＡの人質奪還作戦のプロである主人公の姿が、実にカッコよく描かれる。

しかし、イラン人がこの映画を観たとしたら、アメリカの観客のように無邪気に楽しめるだろうか。イラン革命勢力側からすれば、パーレビ国王を支えて恣に独裁をやらせてきたアメリカは、まるで背後にいる黒幕のようなものだろう。そしてアメリカ大使館はＣＩＡとも通じながらパーレビ政権とアメリカ本国をつなぐパイプ役でもあり情報収集するインテリジェンス機関でもあるわけだから、敵意を向けて当然だ。

しかも、イラン側からすればこんなふざけたプランをまんまと成功され、完全に後手を踏んでしまったわけである。革命勢力が幼い子どもたちを使って細かく裁断された書類や写真を復元させる描写など、アメリカンスタンダードからすれば子どもの人権を抑圧していると言えるし、大使館を抜け出した六人が発見されたら有無を言わさず処刑されるだろうとの前提も、革命側の暴虐性を訴えているかのようだ。

まして、救出作戦を助ける唯一のイラン人であるカナダ大使公邸に勤める召使いの少女は、六人と大使夫妻が無事に脱出する頃、隣国イラクへと逃れる群衆の中にいる。彼女が、イラン・イラク戦争、湾岸戦争、そして9・11後のイラク戦争に巻き込まれた可能性は高い。アメリカ人とカナダ人だけが安全圏へ帰国して英雄扱いされるのである。

われわれ日本人は、どちらの視点に立つのだろうか。アメリカ？ イラン？

少なくとも、映画評論家とかライターとか名乗っている連中は、アメリカ人になったつもりのようだ。曰く《この映画は、映画という嘘の中でしかあり得ないような、でも実際にあった作戦の面白さを生かし、サスペンスの王道を示してみせる》。また別の者曰く《最後まで「演じる」ことを躊躇っていた人質が誰よりも優れた「役者」となってピンチに臨むドキュメンタルな一幕に胸の高鳴りが止まらない》。

また、揃いも揃って芸もなく「手に汗握る」という表現でスリルを味わっているようだが、結末がわかっているのにねえ。醒めて見る目がないのは、アメリカ人観客と同じ。冷静に歴史や社会を考えるより、刹那的に貪欲に楽しむことだけを映画に求めているのだろう。

前半部で書いたように、日本の置かれている立場はアメリカに翻弄される側、つまりイランの側なのである。それを自覚もせずにまるでアメリカ人になったつもりでCIAの策動に共感しているのでは、平和ボケというよりアメリカ依存ボケと呼びたくなる。

こういう手合いは、『デンジャラス・ラン』（12　ダニエル・エスピノーサ）に描かれるCIAのえげつない世界操作ぶりを見ても、現実には起こり得ないフィクションだと思っているのだろう。おめでたいアメリカ依存ボケ。

こんなレベルの人間がインテリ気取りで文章を書いているようでは、従属から脱し独立の気概を備えた国になるのは無理だと思えてきてしまう。嗚呼。

（二〇一三年一月号）

ドグマの坪内を逍遥する「アカデミー」

『ヨンガシ　変種増殖』（12　パク・チョンウ）という韓国で大ヒットした映画がある。

製薬会社の研究者たちが自社株を高騰させて儲けるために、変種増殖させたハリガネムシ（韓国語でヨンガシ）を川に放って人間に寄生させ、予め作っておいた虫退治の特効薬を売り出すというマッチポンプ的陰謀をめぐらす。それが発端で全国百万人もの感染者を出し、大統領が非常事態宣言するほどの大パニックが起きる。

ところが会社側は、さらに巨利を狙って薬の在庫を隠匿してしまう。機械の故障で生産も不能だと言い張る。政府側は、それなら薬の成分を公表せよと命じ、他の製薬会社に生産させようと考えた。問題はそこだ。会社側は、わが社の株の五一％は外国企業が所有しているのでその株主企業の諒解が必要だと嘯く。そして外国企業は韓国の非常事態を救う気なんかさらさらなく、成分公表を拒否するのである。大統領が命じようが、国民が大混乱していようがお構いなし。仕方なしに、政府は時価の十倍以上の金額で会社全体を買収せざるを得ない。

……そう。自由貿易を進めて投資までいくらでも自由にすれば、こんなことが起きる。対米ＦＴＡを締結した韓国ならではの映画かもしれない。国民の安全や健康を守る事業を行う会社が外国資本に牛耳られ、自国民危急の時に政府の要請を平気で無視する。グローバル化とはこうした状況をも生む。アメリカから迫られてＴＰＰに乗っかれば、日本だってそうなりかねない。安倍政権は、ＴＰＰ交渉参加の方向を決めたのだが、こうした点の検討を忘れてはなるまい。

さて、アメリカ映画である。『ゼロ・ダーク・サーティ』(12　キャスリン・ビグロー)は、二〇一一年五月のオサマ・ビンラディン殺害作戦を扱っている。二〇〇一年の同時多発テロ事件以来十年近くをかけてＣＩＡがアルカイダの指導者ビンラディンを捜索し、発見して殺害する過程を、リアルに追っていく。執念深い探索で手柄を立てるのは、アフガニスタンの支局で地道に調査を続けた女性諜報員だった。

とはいえ、収集される情報の中には、男性諜報員たちによる捕虜となったアルカイダ兵士への凄惨な拷問によって得られたものが多数ある。精神的にも肉体的にも残酷な拷問の数々が加えられる秘密収容所での捕虜虐待が赤裸々に描かれ、それが事実に基づくものであるかどうかについてアメリカ政界でも問題になったという。オバマ大統領が初当選する大統領選挙でＣＩＡの拷問を激しく批判し当選後禁止を命じたのだから、少なくとも二〇〇九年までの間は行われていたことが明白だろう。

とにかくＣＩＡは、アメリカの国益を守るためなら何でもやってのける。アメリカ映画に疎いわたしでも、元ＣＩＡエリート諜報員の組織への反逆を物語にした『デンジャラス・ラン』(12　ダニエル・エスピノーサ)などを見れば、その中で繰り広げられる金と権力を駆使して悪辣なまでの手段で世界中のどの国であれ支配しようとするＣＩＡの陰謀がフィクションではなく現実を元にしたものであることくらいはわかる。

たとえば、一九五八年の岸信介内閣による解散・総選挙で与党自民党が過半数を大きく上回る二八七議席を獲得し日米安全保障条約改定へ前進した裏には、アメリカ国務省が〇六年に公表した外交文書集によれば「アイゼンハワー政権はCIAに対し、数人の親米保守政治家へ秘密裏に資金提供する許可を出した。支援を受けた候補者たちは、米国人ビジネスマンからの資金だとしか伝えられていなかった」とある。

そして、オバマ大統領もそれまでのCIAの秘密工作が世界で果たした役割を知るにつれ和解を図り「CIAは冷戦期より必要」と発言するようになる。拷問は行われなくなったかもしれないが、無人機による暗殺作戦（と、それに伴う誤爆）はむしろ強化されているという。

そんな中で起きたビンラディン殺害作戦は、CIAが段取ってアメリカ海軍特殊部隊が実行した。最初から殺害が目的であり、逮捕して国際裁判にかけようなどという考えはなかった。その無慈悲な作戦が、映画ではドキュメンタリーのように再現される。

屈強な兵士たちがヘリコプターから次々と降下し、圧倒的優位に立った戦闘で隠れ家を制圧していく。暗視スコープを持つ完全武装の米兵に、拳銃での抵抗など無力でしかない。ビンラディンは武器すら持っていなかった。成年男性は迷わず射殺。女性でも邪魔になれば撃ち殺す。それらはすべて、大勢の子どもたちの見ている前の容赦ない出来事だ。父親や母親が殺されるのを目の当たりにする彼らの怯える表情を、映画は如実に描き出す。

そして、映画の中では触れられないものの、われわれは、オバマ大統領以下の政府首脳がホワイトハウスでこの実況映像を見ていたことを知っている。『ゼロ・ダーク・サーティ』の観客は映画館でフィクション映像を観ているのに対し、彼らは危機管理室のソファーでリアルタイムの殺戮を観戦したわけだ。作戦成功に大統領は〝We got him!〟と叫んだそうだが、あの〝Yes we can〟の中にはそんな強引で一方的な行為も含まれていたんですね。

もちろん、we が指すのはアメリカ国民である。自国を守るためには他国のことなど斟酌しない。どこの国だってそうだろうと言えばそれまでだが、わたしにはそれが度を過ぎているように見える。映画でいえば、前項で取り上げた『アルゴ』などその典型だ。七九年に起きたイランのアメリカ大使館人質事件という国務省、ＣＩＡの大失態を、カナダ大使公邸に逃げ込んだ六人を救出したＣＩＡの快挙という側面で成功譚として仕上げた作品だ。

当然イラン政府は不快感を表明し、この事件をイラン側から描いた映画の製作を検討中だというが、アメリカからすればそんなのお構いなし。なにしろ、イラン映画と違いこちらは世界中で莫大な数の観客を集めるのだから。追い打ちをかけるように、第八十五回アカデミー賞が作品賞、脚色賞、編集賞の三冠を『アルゴ』に与えた。この賞をありがたがる日本の観客善男善女は、また改めて受賞記念上映の映画館へと詰めかける。

アカデミー賞を選考するのは、ハリウッドの映画人たち自身である。民主党支持者が多いとされ、おめでたい日本人は進歩派の牙城であるかのように勘違いしている。とんでもない。進歩派を気取るのなら、敵対国イランをやりこめる話を作品賞に選ぶ露骨なナショナリズムを避けるはずだ。

まして今回初めて、作品賞を発表するプレゼンターにオバマ大統領のミシェル夫人が起用され、ホワイトハウスからの生中継でバックに礼服姿の軍人たちを並ばせる中、「作品賞は『アルゴ』」と読み上げた。これは大統領再選のため多大な資金協力をした大物プロデューサー筋の仕掛けとされている。たしかに民主党支持、オバマ支持なのだが、だから独善ナショナリズムを振り回さないとはいえないのである。

そもそもオバマ自身が日本の左翼系がもてはやすようなマイノリティの代弁者などではなく、無人機による攻撃やビンラディン殺害の指揮者であるという厳然たる事実から眼を背けるわけにはいかない。アフリカ系に出自を持つからといって、奴隷解放や公民権運動を連想し、「自由・平等・友愛・合理の理想主義」

の人だと錯覚してしまうのは、おめでたい左翼系独特の幻想である。
自国の経済を守るために日本に対しＴＰＰを迫るくらいは、大統領として当然とるべき姿勢と考えるに決まっているではないか。

（二〇一三年五月号）

銃撃音の鳴り響く国

『L．A．ギャング　ストーリー』（13　ルーベン・フライシャー）は、いわくつきの映画だ。当初、二〇一二年九月に全米公開されるはずだったのが、七月二十日にコロラド州オーロラで起きた銃乱射事件の影響で作品そのものの撮影、編集を一部やり直し、一三年一月に公開延期されたのである。

理由は、死者十二名、負傷者五十九名を出した事件の舞台が『ダークナイト　ライジング』（12　クリストファー・ノーラン）の公開初日の映画館であり、犯人は作中の銃撃シーンに合わせて銃撃を始めたこと、また、『L．A．ギャング　ストーリー』にはアカデミー賞授賞式会場で有名なハリウッドの映画館グローマンズ・チャイニーズ・シアターで抗争のため観客に向けてマシンガンが乱射されるシーンがあることだったといわれている。

まあ、それもよくわかる。この映画、とにかく銃を撃ちまくるのだ。そのシーンこそなくなってはいるが映画館で乱射するくらいだから、ナイトクラブだろうが繁華街の街路だろうがお構いなしに派手な銃撃戦になる。一般の通行人を巻き込むのも平気で、靴磨きの少年が犠牲になったりする。

時代は一九四九年。ロサンゼルスの町を一人の男が支配しようとしている。ドラッグや銃器取引、売春で得た金を使い、警察や政治家のみならず裁判官までも意のままに操る大物ギャングのミッキー・コーエン（実在の人物）は自らを「神」と称して跋扈している。市警本部も手出しできず、苦慮する本部長は型破りの警察官六人に特命を与え、身分を隠し個人としてギャング組織を壊滅させようとする。

その過程で、何度も何度も銃撃が繰り返される。第二次世界大戦が終結してからまだわずか四年、ギャング側も警察側も戦地へ行っていた男たちということになる。事実、科白で戦時中の体験が語られもする。彼らは、銃を撃つ行為への抵抗感が希薄だ。結果、なんとも殺伐としたギャング対警察の戦いを描いた映画になった。

だが、殺伐としているのは何もその時代だけではない。現在の現実のアメリカ社会で起きる銃撃事件の乱暴さはどうだ。オーロラ乱射事件の前後にも、民主党下院議員の政治集会を襲撃した一一年一月のアリゾナ州ツーソン乱射事件（死者六名、負傷者十三名）、コネチカット州の小学校が襲われた一二年十二月のサンディフック小学校乱射事件（死者は小学生二十名を含む二十六名、負傷者一名）がある。

なにしろ、誰でもが銃を持っているのだから、「キチガイに刃物」どころの騒ぎではない。銃規制反対の強力な団体として知られる全米ライフル協会のイベントで、子どもに銃の撃ち方を教えて実技訓練しているテレビ映像を観てゾッとした。今年四月末には五歳の兄がライフル銃を誤射して二歳の妹を死なせた事故が報じられたが、そのライフルは彼の五歳の誕生日に貰ったプレゼントだったという。五歳児の誕生日プレゼントがライフル銃とは……。アメリカでは四月だけで三件、幼児の誤射事件が起きている。

日本人の若者のアメリカ留学が減っている、内向きだ、だから最近の若い者は……と嘆く大人がいるけれど、わたしだったら、こんな剣呑な国で暮らすのはまっぴらごめん蒙る。どだい、銃に対する考え方が当方とは懸け離れているのである。開拓時代からの文化なのだろう。自分の身は自分で守る、家族の安全は家長が守る、というわけだ。銃を厳重規制したらアメリカがアメリカでなくなる、との全米ライフル協会の主張はかなり多数の国民に支持されている。

その文化は尊重しよう。それぞれの国にそれぞれの歴史と文化がある。一九三〇年、戦前の日本統治下の台湾で起きた抗日暴動である霧社事件を扱った台湾映画『セデック・バレ』(11　ウェイ・ダーション)に登場する台湾先住民セデック族は、いわゆる首狩り族だ。しかしその行為は、彼らにしてみれば宗教的意味合いを持つ文化なのである。この映画では霧社事件を、日本の圧政に対する抵抗という側面よりは、近代化を求められ伝統文化を否定されたことへの怒りの方を強調して描いている。

他国の文化を尊重はしよう。だが、わたしは日本人であり日本文化の中で生きてきた。首狩りの文化を尊重はしてもそれに同意、同化はできないのと同じく、アメリカの銃文化にも従う気にはなれない。幼児に至るまで誰でも銃を持てるような社会に参加する酔狂は到底持ち合わせないのである。

ところで、四月十七日、アメリカ議会上院は、オバマ大統領が可決を求めた銃規制強化のための法案を、定数一〇〇(民主党五三、共和党四五、無所属二)のうち可決に必要な六〇に届かない賛成五四(反対四六)で否決した。この投票では、民主党議員四人が反対票を投じ、逆に共和党議員で賛成した者もいる。二大政党制とはいえ必ずしも党派で意思が統一されないこうした投票行動は今に始まったことではないと教えてくれるのが、『リンカーン』(12　スティーヴン・スピルバーグ)だ。

この映画の見せ場は、例の「人民の、人民による、人民のための政治」のゲティスバーグ演説でもなければ奴隷解放宣言でもない。南北戦争最終盤、疲弊した南部が降伏するより前に憲法上の奴隷廃止条項である合衆国憲法修正第一三条を下院で可決できるかどうか。それは、時間制限のある中での多数派工作という政局ドラマなのである。リンカーンの属する共和党が奴隷廃止派、現在ではリベラル政党を気取る民主党が奴隷制度に未練を残す反対派というのは、今の感覚でいうと違和感がある。

でも、民主党の奴隷制度維持論がこの制度によってもたらされる経済的利益に依存したいとの未練からだったと聞いて腑に落ちた。要は「経済成長」重視なら何でもありというわけだ。当節の日本でも、経済を成長させるためにＴＰＰも非正規雇用も原発建設も必要だという論理は、自民党のみならず民主党にも根強い。共和党は、経済よりも社会のありようを大切にする保守の論理で奴隷解放の側に在ったのだろう。この「憲法改正」をめぐって、両党は激しく対立する。

リンカーンといえば、日本では清廉潔白、人格高潔な民主主義政治家の鑑のように思われている。いや、わたしも子どもの頃さんざん読んだ伝記でそう思い込まされてきた。ところがどうして。改正に必要な多数を得るために手段を選ばず、裏で政治ゴロを使って買収、脅迫といったえげつないやり方で民主党議員を切り崩していく。政策の実現のためには汚いことも平気でやってのけるタフさこそ、この映画におけるリンカーンの政治的力量発揮場面なのである。

民主主義の教科書に照らせば批判されるべきなのだろうが、現実は教科書で動くとは限らない。われわれがお手本にしてきたアメリカ民主主義の奥の深さを、改めて見せつけられる。決してそれに憧れるわけではないけどね。

翻って我が国。憲法を改正しようとするのなら、それが難しいからといってハードルを下げるために改憲手続をいじろうとするなどはいかにも姑息だ。本当に命懸けで憲法を変えようというのなら、議会の三分の二の賛成が必要とあらばそれだけの多数を獲得する政治力を持つ努力をこそすべきではないのか。

一九五一年アメリカ上院におけるマッカーサーの発言「日本人は十二歳」にはさまざまな解釈があり、「これから民主主義を学んで伸びる覚えの早い優等生」の比喩だとする説もあるようだ。そうかどうかは別として、偏差値秀才のように表面だけ小利口に習得した結果が今日の日本政治でなければいいのだが。

（二〇一三年七月号）

オリンポスの神界に「日本」はない

『エンド・オブ・ホワイトハウス』（13 アントワン・フークア）は、題名だけでもドキリとさせる。さすがにアメリカで公開の際の原題はこんな直截で刺激的なものではない。ギリシア神話とローマ神話の神々の故郷として名高いオリンポスが陥落することに譬え「Olympus Has Fallen」、また、「オリンポス」はホワイトハウスの隠語ともシークレットサービスのホワイトハウス警備システムのコードネームとも言われる。

で、内容は邦題通りホワイトハウスがテロリストの手に落ちるのである。まさか？ いや、十分にリアリティのある展開だ。荒唐無稽なアクション映画ではなく、十分に調査を積み精密に計算された結果の戦闘描写には観客を納得させるだけの説得力がある。米軍輸送ヘリに見せかけた重武装ヘリコプターで上空に侵入し、スクランブル発進した米軍ジェット戦闘機を不意打ちで撃墜し、迎撃ミサイルを防護装置で自爆させた後、警備陣に対し空から攻撃を加える。

これに呼応して、観光客などを装っていた地上のテロリストたちが自爆テロを交えつつ塀を壊して敷地内に突入する。さしもの屈強なシークレットサービスの面々も次々に倒され、ようやくヘリコプターを撃墜した頃には建物は完全に制圧されてしまっている。この間十三分。リアルタイムで進行する攻防は、実物大ホワイトハウスのレプリカを建て周辺の町並みまで作っているだけに、大変な迫力である。

世界最強の米軍が救援に到達するまでが十五分と言われているその間隙を縫って、周到な計画と死を恐れぬ覚悟でみごとにアメリカを出し抜いた。ホワイトハウスの周りは巻き込まれた市民を含め死屍累々。ワシントンD．C．の象徴ワシントン記念塔がヘリコプターの攻撃で倒壊するのは9・11の世界貿易センタービルの暗喩だろう。

そこへやっと米軍が展開する。だが手を出せない。ホワイトハウス内で同盟国の首相と会談中だった大統領、副大統領、国防長官たちは地下の危機管理センターに避難して各所と連絡を取ろうとしていたのだが、同盟国首相に随行していた警備スタッフが突如発砲しシークレットサービスを全滅させて大統領以下のメンバーを人質に取ったのだ。同盟国首相を容赦なく射殺する映像を見せられたペンタゴンは、動きの取りようがなくなる。

この完璧な襲撃をこなす集団、どこの連中だと思いますか？　なんと北朝鮮！　つまりこの同盟国って韓国なのである。幼い頃北から南に入り込み韓国人として育って首相警護役にまでなったテロ集団のリーダーは、いわば忍者でいう「草」。韓国社会に溶け込んで任務を果たす諜報員だったのだろう。その冷酷な凄腕ぶりがいかにも北朝鮮の武闘エリートを思わせる。

作中では、この事態が世界に報道されアラブ諸国の人々が快哉を叫ぶテレビ映像が出る。さもありなん。わたしとて、同じ東洋人が常に傲岸なアメリカを制圧するのは正直なところ多少快感がある。北朝鮮を支持する気は毛頭ないけれど、アメリカにおけるアジア人蔑視の歴史を思えばそういう気にもなる。一九二二年のバブル景気に沸くニューヨークが舞台の『華麗なるギャッツビー』（13　バズ・ラーマン）でも、台頭する有色人種へのあからさまな嫌悪が語られていた。

テロリストの要求は、三十八度線近くに大量に移動してきている北朝鮮軍に対抗するため日本海に入っている第七艦隊と在韓米軍の完全撤退だ。それは、韓国が北朝鮮に侵略されてしまうことを意味する。最初は拒否するアメリカだが、大統領の命だけでなく国内すべての核弾頭を支配されている状況となりついに撤退を決断する。そりゃそうだろう。自国の安全のためには韓国を見捨てることなどにおいて、何の葛藤もありはしない。

問題はその後である。大統領臨時代理の下院議長がこの措置について早急に関係国に説明し理解を求める、その相手国は韓国、中国、ロシア、イギリス、フランスなのである。事態の周辺国であり六ヵ国協議のメンバーでもある日本は一切出てこない。まったくの蚊帳の外扱いではないか。『ブッシュ』（08　オリヴァー・ストーン）でイラクとの開戦に当たり各国に連絡する時も日本は出てこなかったが、あれとは格段に切実感が違う。

北朝鮮との緊張が高まっている状況で第七艦隊が日本海に配置されているということは、当然自衛隊との連携があるわけだし、在日米軍基地を守るという意味もあるはずだ。にもかかわらず日本には情報が行かない。これでも「同盟国」？　映画の作者たちの頭には、日本など地球上に存在しないかのようだ。いや、現実にも国際的事件についてアメリカからの情報伝達が遅れたケースがあるのではないか。

例によって、日本では観客だけでなく評論家を名乗る連中までこのことには鈍感である。アクション場面を楽しめさえすればいいのか。事態は自国の安全保障に密接につながることなのに、そちらへは頭が行かない。日本と深い関係にある話だということに気付いていないのだろう。尖閣とか竹島とかいうと敏感に反応して領土を守れ！　と叫ぶ声が出てくるのに、アメリカがらみとなると相変わらずの平和ボケなのである。

アメリカ側も、日本は最終的には何でも言いなりになると思っているのだろう。七年間近くにわたる占領期間の力関係は、まだ完全には払拭されていない。……そう思わせるのが、『終戦のエンペラー』(13 ピーター・ウェーバー）だ。「エンペラー」とは昭和天皇のこと。占領軍支配下で天皇を東京裁判にかけ死刑台へ送るかどうかがテーマとなっている。

その時点での国家元首であり日本人にとって極めて特別な存在である天皇の生殺与奪をアメリカ政府が握っており、決定権は占領軍司令官のマッカーサーに任されていた事実を、改めて思い知らされる。トルーマン大統領をはじめとするホワイトハウス側は死刑を望み、トルーマンの後の大統領の座を狙うマッカーサーはそれに逆らおうとした。とはいえ彼も積極的に天皇を救おうとしたのではない。都合の良い形で利用できるなら、との計算ずくだ。

主人公であるフェラーズ准将は知日派であり、天皇処刑は占領統治を困難にさせると主張する。ならば天皇を免責するための証拠か証言を十日以内に探せ、とマッカーサー。それが見つからなければ仕方がないので戦犯として裁くというのである。果たして天皇に開戦の責任がないことを立証できるのか、それが物語のポイントになってくる。日は過ぎていくのになかなか材料が集まらず、ついに訴追かという瀬戸際で木戸内大臣の証言が得られ逆転するのがヤマ場だ。

ところがこの准将ときたら、期限が迫っているというのに闇市の酒場で独り飲みをしたり、アメリカの大学時代に恋に落ちた日本人女性の消息を求めてわざわざ静岡まで行ったり、およそ仕事熱心には見えない。日本や日本人を理解しているのでなく、美しい日本人留学生への思いが彼を日本贔屓にしているだけではないのかとさえ思える。日本の味方を気取る彼も結局、戦後日本の体制がどうなるのかについてさほど真剣な思いを持っているわけではないのだ。所詮はそんなもの。

一方で同時期の日本側は必死になって天皇訴追を免れようと画策していたのだが、こちらの状況はまったく描かれず完全にアメリカからの視点に終始するためまるで無為無策だったかのように扱われる。ちょうど本誌（『表現者』）今号は大東亜戦争を特集しているようだが、そこでの真摯な論考と『終戦のエンペラー』の占領軍側からの「上から目線」との間には何とも大きな乖離がある。それがわからない日本人の多いのが情けない。

（二〇一三年九月号）

パニックに襲われる「戦争したい国」

またぞろアメリカの軍事介入が始まるのだろうか。八月三十一日、オバマ大統領はシリアの化学兵器使用疑惑について、使用しているという「強い確信」があるとして軍事介入への議会承認を求めると発言した。この流れ、十年前のイラク戦争の時と同じだね。「大量破壊兵器がある」と決めつけて攻撃し、でも結局のところそんなものはなかった。

あの時真っ先にアメリカに同調したイギリスは、今度も行動を共にしようとしたが世論が許さなかった。下院で武力行使が否決され、手を出せない。実は大義などなかったイラク戦争の忌まわしい記憶を、イギリス国民は忘れていなかった。でも、シリアを植民地にしていたフランスが、アメリカを強力に支持している。イラク戦争では開戦反対の急先鋒だったのに、旧植民地のこととなると乗り出してくるわけだ。帝国主義の名残は根深い。

そうなるとすぐさま、ケリー国務長官がフランスを「最も古き同盟国」と持ち上げる。「最も古い」って独立戦争の時のこと？　さすがのアメリカも孤立はしたくないらしい。同調する勢力としてアラブ連盟、トルコ、オーストラリアなどを挙げて「化学兵器拡散防止」の大義を掲げようと画策する。日本は、例によってとりあえずはこの問題に関する日米連携の確認だ。安倍首相がオバマ大統領と電話会談し、国連安保理決議を求めたというけど、ロシアや中国が拒否権を発動するに決まっている。

八時間十四分に及ぶ長大なドキュメンタリー映画『アメリカ　戦争する国の人々』（09　藤本幸久）は、戦争とアメリカ社会の関係を丹念な取材で描いた秀作でありアメリカを「戦争する国」と規定しているのが鋭い。だが、イラク戦争におけるブッシュ政権に比べると「ハト派」であるはずのオバマ政権がシリアへの軍事介入について前のめりの姿勢になるのを見ていると、「戦争する国」ではなくて「戦争したい国」なのではないかと疑ってしまう。

『ホワイトハウス・ダウン』（13　ローランド・エメリッヒ）は、前項で取り上げた『エンド・オブ・ホワイトハウス』に続いてホワイトハウス占拠という異常事態を描いた映画である。『エンド・オブ……』が設定した襲撃犯は北朝鮮のテロ集団だったのに対し、こちらは何と大統領警護官のボスが襲撃首謀者なのだから、クーデターのようなものだ。

警護責任者自身の手引きで入り込んだ仲間たちがホワイトハウスを制圧するのは、たやすいこと。しかも目的は大統領殺害と核兵器作動システム、ミサイル防衛システムの確保という単純なもので、大統領を人質にして条件を出す手間や駆け引きを要しない。見学者として来ていた大統領警護官志望の下院議長警護官と大統領ファンのその娘が抵抗するので時間はかかるものの、着々と目的を果たしていく。

まず、大統領を安否不明状態にさせることに成功し、緊急就任した副大統領の乗る飛行機をミサイル防衛システムによって撃墜する。そして、大統領の生体認証装置を使って核兵器の一斉発射を行おうとする。パスワードも入力され、後は発射ボタンを押すだけ……という時に、間一髪のお約束通り主人公の反撃で野望は潰える。大統領の生命も救われて、めでたし、めでたし、だ。

では襲撃犯の狙いは何だったのか。オバマを思わせる黒人の大統領は中東和平を実現しようとしており、戦争にかけていた費用を中東の貧困層援助に振り向けようと、尊敬するリンカーン大統領のように妨害を恐れず邁進していた。脳腫瘍で余命わずかな襲撃首謀者は、中東での工作活動に従事していた一人息子を任務中に亡くし、徹底して敵を叩くべきだと考え和平を阻止するために大統領暗殺を企てたかに見える。ところが実は黒幕は下院議長だった。白人の彼は軍産複合体の手先だったのだ。大統領、副大統領（上院議長を兼ねる）が執務不能になれば、次の継承順位は下院議長である。就任した彼はホワイトハウス空爆を命じ、大統領も襲撃集団も丸ごと殲滅してすべての証拠を消そうとした。同時に核攻撃が中東を襲い、戦争が始まる予定だった。つまり、戦争をするためのクーデターだったのである。

下院議長が大統領を暗殺？　といっても、現在もそうであるように民主党の大統領の時代には下院で共和党が有力なことが多いために、大統領と下院議長の政治信条が正反対であるのも珍しくないらしい。真相が露顕してにわかに大統領の座を追われ官憲に連行される時も姿勢を崩さない彼には、自分を支持する世論も多数あるのだという矜持があるのだろう。そこには、アメリカの主力産業である軍需をなくしてしまうような大統領は消去されても仕方がないという論理が垣間見える。

そう、やはり「戦争したい国」なのである。

そのアメリカでも気が進まぬに違いないのが、国同士ではない戦争だ。勝ったとしても、利権も覇権も手に入らない。『ワールド・ウォーZ』（13　マーク・フォスター）は、前二回の世界大戦とは異なり「Z」＝ゾンビと全世界の国々との戦いである。

ゾンビは、「生ける死体」と呼ばれる。死者が復活して生きている者を襲い、襲われた者は傷つけられたり噛まれたりして「感染」し、ゾンビになってしまう。この設定はアメリカ映画『ナイト・オブ・ザ・

リビングデッド』(68　ジョージ・A・ロメロ)で世界的に広がり、映画、SFなどの題材に多用されている。いわばアメリカ製パニック物語だ。最近は日本でも映画や漫画になっている。

大方は町中がゾンビになってしまうという規模だったゾンビ映画を、とうとう世界大戦にまで拡大させたのが何でもスケールを大きくしたがるハリウッドらしいところだ。「感染」がウィルスによって飛躍的に広がり、世界中を席巻する。この映画ではアメリカ大統領は死亡し副大統領は行方不明でアメリカ政府は消滅し、国連が対応することになるが、モスクワ、ローマなど滅亡する大都市が続出した。

結局、元国連エージェントの主人公がウィルスへの対応策を発見し、人類は勝利する。しかし、相手も元々は人類なのだから観ていると複雑な気持ちになる。ゾンビ化した人間たちを、容赦なく焼き払い、核ミサイルで殲滅していく映像は「虐殺」とも見えるのだが、ゾンビは死者なわけで、死者を虐殺するという奇妙な絵図なのである。巨大な外壁を構築してゾンビを排除したエルサレムの町の周囲をゾンビが埋め尽くし、津波のように盛り上がって塀を乗り越える場面など、人間(ゾンビにはなっているが)が液状に描写されるという名状しがたい光景だ。

スケールこそ大きいものの、話は大味で他愛もないパニック・ムービーにすぎない。ただ、看過できないのは、こんな映画にもアメリカ映画ならではの無神経な設定が散見される点である。各国のゾンビ対応で、北朝鮮が独裁者の命令で全国民に歯を抜かせ、そうするとゾンビになっても生きている者を噛めないから感染者が出ない、というなど人を馬鹿にしているとしか思えない。イスラエルが外壁の内側にパレスチナや中東諸国の難民も受け入れるのはいいけれど、彼らイスラム教徒が捧げる祈りの声が響いて音に敏感なゾンビを刺激し塀を越えて雪崩れ込ませてしまうというのも、イスラム教への悪意を感じさせなくもない。

「戦争したい国」の人々は、他国の文化や体制に対して無理解だったり偏見があったりするようだ。だからすぐに平気で戦争ができるのだろうけれども。

（二〇一三年十一月号）

アンファン・テリブルに媚びて何とする

「バイ・マイ・アベノミクス！」

九月末に訪米した安倍首相がニューヨーク証券取引所で行った演説の中での台詞である。この演説で首相は日本経済が回復したと宣言し、「間違いなく世界経済回復の大きなけん引役になる」とアピールした。「アベノミクスは『買い』です！」と言いたかったのだろう。

冒頭の台詞は、「『どうすれば世界経済を再生できるのか?』と聞かれれば、わたしはゴードン・ゲッコーの言葉をもじってこう答えます。たった三語ですよ。『Buy my Abenomics!』」という文脈で使われた。ゴードン・ゲッコーって誰？『ウォール街』（87　オリバー・ストーン）の主人公であり、この役を演じたマイケル・ダグラスはこの作品でアカデミー主演男優賞を受賞している。

もじられた言葉とは「Buy my book」。続編『ウォール・ストリート』（10　オリバー・ストーン）でのゲッコーの決め台詞「疑問に答えるには三語で十分。わたしの本を買え」である。今や講演で食っている元カリスマ投資家が、集まった聴衆にあまり売れ行きのよくない自分の本を売るためのセールス文句だ。香具師の売り文句の響きさえ感じさせる。

しかもこの男、『ウォール街』ではインサイダー取引で巨万の富を得る強欲な投資家。手段を選ばず会社乗っ取りを画策したりする。最初は彼に憧れて取引や乗っ取りの片棒を担いだものの悪辣なやり方に嫌悪を感じるようになり離脱した若者を殴りつけ、逆に罪を暴かれて証券取引委員会から告発され刑務所に入るのが結末だ。

『ウォール・ストリート』では出所して、ある程度生き方を改めたかに見えるが、娘の恋人である若い投資家を騙して一億ドルを持ち逃げし、それをいつの間にか投資で一一億ドルにするのだから相も変わらずだ。そもそも、この二作は新自由主義、金融資本主義のアメリカニズムを前提としている。日本の首相が言葉を引用するのに適切な映画でも、人物でもないだろう。

果たして内外で疑問視され、首相のスピーチの題材として適切だったのかと質問された菅官房長官が「ゴードン・ゲッコーは第二作目には（刑期を終えて）社会復帰をされていたのではなかったでしょうか」と苦しい言い訳をする羽目になった。『ウォール街』はともかく、『ウォール・ストリート』の方は取るに足らない凡作だ。首相がご覧になっているはずもない。「バイ・マイ・アベノミクス！」はスピーチライターの作だろう。

元『日経ビジネス』記者で外務副報道官を経て現在は内閣審議官のスピーチライター氏は、ニューヨーク証券取引所がウォール街にあることから洒落た趣向と悦に入ったのだろう。とんでもない。映画の中身まできちんと吟味しなくては駄目だ。結果的には首相に品のないスピーチをさせてしまうことになった。安倍首相の経済政策に大きな疑問を感じるわたしでも、アメリカに対しては国を代表するトップの威厳を発揮してほしいと思う。こんな下手なスピーチをさせてはいけない。このスピーチは件のスピーチライター氏ではなく官僚の手によるものだとの説もある。ならばスピーチライター気取りの官僚の罪は、もっと重い。

それにしても、一億ドルとか一一億ドルとか、金を持っている奴の扱う金の桁が大違いだ。一〇〇億円を一一〇〇億円に殖やすわけだもの。それに比べれば日本の「格差社会」ぶりなんて可愛らしいものに思えてくる。『エリジウム』(13 ニール・ブロムカンプ)は、そのアメリカ格差社会の行き着く先を描いた映画である。

時代は二一五四年。人口過密となり汚染の進んだ地球に住むのは大多数の貧困層だけだ。桁違いの財力を持つ少数の超富裕層は、上空四〇〇キロに浮かぶスペースコロニー「エリジウム」に移住している。そこには清潔で快適な暮らしだけでなく、どんな病気も一瞬で完治させる特殊な医療ポッドがあり、人々は美しく健康な人生を謳歌していた。

しかも、地球にいる貧民を雇用しロボットに監視させて低賃金で苛酷な労働に従事させ、その生産物から更なる利益を受け取っている。貧民側は、食うために悪条件に甘んじて働かざるを得ない。病気になっても治療さえ受けられず、死を待つしかない。これは、国民皆保険制度を採用せず自由診療で各自が保険会社と契約していく現在のアメリカの状況をさらに徹底させた姿である。

高額な医療費に備える保険料を払えない貧困層は、現在でも医療を受けられない場合がある。過日の予算案不成立による政府閉鎖騒ぎは、その状況を改善しようとするオバマ大統領の医療保険制度改革法、いわゆる「オバマケア」に対する共和党の反発から起きたわけだ。それほど、この問題の根は深いようだ。

他人事ではない。TPPでアメリカの言いなりになると、日本だって国民皆保険制度が崩壊し貧乏人は医療を受けられなくなる恐れがある。『エリジウム』への道を進む頃には、TPPにより経済崩壊して日本人はほとんど全員が地球上の貧困層に属することになるかもしれない。ちなみに、エリジウムの特権を守るため地球に残る者たちを冷酷に弾圧する女性防衛長官と戦う貧民である主人公の乗る車は日本車らしい。そもそも、映画に出てくるエリジウム住民は白人ばかりだしね。

もともとＷＡＳＰ即ち白人でアングロサクソンでプロテスタントが主流として支配層になっている国だ。このたびデジタル修復完全版が公開された『天国の門』（81　マイケル・チミノ）は、西部開拓時代の一八九〇年代、ロシア、東欧系の移民に対して彼ら支配層が行った残虐で非道な仕打ちを暴く三時間三十九分の大作である。

冒頭描かれる一八七〇年のハーバード大学卒業式は、明るさと豊かさに満ちたものでありアングロサクソン的知性と気品に裏打ちされた文化を感じさせる華麗なものだ。だが二十年後、中年になった卒業生たちは西部ワイオミングで富を独占し、移民を虐げる。彼らは開拓地に住みつつ血縁者や同窓生を通じて東部の政財界と密接な関係を持ち政府権力の手厚い庇護を受けている。

それを笠に着て、ついには傭兵の手で移民を大量粛清しようとする。立ち上がった移民との戦いが、「ジョンソン郡戦争」と呼ばれる実在の事件である。そんな歴史の延長線上に現在のアメリカがあることを、映画は壮大な構えで叙述していく。東部マサチューセッツにあるハーバード大学が明るいアメリカを代表するなら、私刑も殺人も何でもありのワイオミングの事件は禍々しい暗部だった。

今年日本で李相日監督によってリメイクされた『許されざる者』（92　クリント・イーストウッド）を観ても、力だけが支配する開拓地の論理がわかる。インディアンを征服した後は、アメリカ人同士の力と力の争いになる。法で守られるとか民主主義で多数の意見に従うなんて無意味。自ら銃を持ち己で己を守り、獲得したいものを獲得するわけだ。これこそ、現在の国際社会におけるアメリカという国の論理ではないのか。

国際連盟には加入せず、国際連合には入ったものの、国連決議を軽んじる態度もしばしばだ。ユネスコから脱退（後に復帰）したり京都議定書から離脱したり、およそ世界一の大国らしい「大人の態度」から程遠いふるまいが散見されるのも、そのせいだろう。

進取、自由の精神としてアメリカ人が標榜するフロンティアスピリットとは、剛健、忍耐、創意という正の面だけでなく、闘争性や利己性という負の面をも有しているのである。

（二〇一四年一月号）

6章　差別

DISCRIMINATION

「白にとって理想的な黒」という差別

文部省（当時）の大先輩に、劔木亨弘がいる。戦後間もなく文部事務次官、内閣官房副長官を歴任し、参議院議員になると文部政務次官を経て六六年に佐藤栄作内閣の文部大臣となった。これだけの顕職を極めた文部官僚は他にいない。文字通り大先輩である。わたしはその引退後の晩年に縁あって可愛がっていただき、いろいろと昔話を聞かせてもらったものだ。

その劔木も戦前、戦中は不遇だった。戦前の文部省は旧内務省の「植民地」であり、内務省出身者が幹部ポストを独占していた。文部行政がやりたくて高等文官試験を受けた劔木は内務省ではなく直接文部省に入省したためにさまざまな不利を被る。れっきとした高等官（キャリア組）であるにもかかわらず省内の高等官食堂を使わせてもらえなかったり、出世も遅れる中、内務省キャリアならあり得ない三度の兵役召集を受けたりした。

劔木の人生最大の事件は、昭和十九年専門教育局大学教育課長の時に起きる。前年から始まった学徒出陣に関連し、陸軍省から求められた全国の大学の学籍簿提出を責任官庁としての筋を通して断ったために懲罰召集される羽目になる。四十四歳で四人の子を持つ劔木は、前回召集では陸軍少尉だったにもかかわらず一等兵にされ、臨時編成の老兵部隊に所属して硫黄島守備隊の増援に送られるのが決まった。
いよいよ乗船するために部隊は港に集結する。まさにその時だ。文部省側の巻き返しが成功し、剱木には召集解除の措置が取られたということが告げられた。戦局の実勢を知っており死を覚悟していただけに、間一髪で出征を免れ、喜びと驚きで膝の力が抜けたと述懐している。助かった！うれしい！だが次の瞬間、生涯眼に焼き付いて離れないものを見る。

それは、共に死地に赴くはずだった戦友たちの彼に対して向けた表情だったという。一人だけ放免される歓喜の報せがもたらされた男を、絶望感にうちひしがれた老兵たちはどういう顔で見送ったのだろうか。わたしには想像もつかないが、剱木にとってその場の空気が忘れられぬものだったろうことはわかる。硫黄島へ渡り玉砕した彼らへの贖罪の感情や後ろめたい思いを、終生背負ったのだろう。

こんな話を冒頭に持ってきたのは、今年アカデミー作品賞を受賞した『それでも夜は明ける』（13　スティーヴ・マックィーン）の同種場面と比較したいからだ。

この映画は、奴隷制度が合法だった南北戦争前のアメリカに存在した「自由黒人」つまり何らかの理由で奴隷身分からの離脱を許された黒人バイオリニストが、奴隷売買組織に拉致され南部に売られて十二年間使役された末に救出され家族の元へ戻るまでを描いている。証明書がない限り、自由黒人も黒人奴隷も見た目は同じでしかない。いや、アフリカ大陸から売られてきた出自だって同じだ。中で運のいい者が自由を得たにすぎぬ。

その自由黒人なる者が陰謀によって奴隷にされ、苛酷な生活にも本当は奴隷じゃないんだとの誇りを失わず不撓不屈の精神で耐え抜き、ついに救われる。例によって日本の映画評論家どもは物語の表層だけを見て「あれだけの目に遭っても絶対にへこたれない彼の根性と家族への思いにわたしは感動した」などとおめでたいことを言っているが、この話の最も重要なポイントはそんなところではない。

奴隷たちと共に綿花畑で酷使されている最中の主人公のところへ、突然赦免の報せが来た。諦めずにその瞬間を待っていた彼は、躊躇なくその場を去る。無知な奴隷の中で唯一いくばくかの知性を持ち心通じ合う部分を持っていた女奴隷だけが、事態を理解し、自分とこの男との境遇の違いを悟る。あなただけ助かるのね、と目で語る彼女に通り一遍の挨拶をするやいなや、主人公は迎えに来た白人と北部の我が家へ帰って行く。

彼を待ちわびていた家族と再会するハッピーエンド……え？　ちょっと待って。己だけが助かることに関し劔木が感じたような葛藤はないの？「自由黒人」の自分は本来自由で当然であり、後の連中は元々奴隷なのだから仕方ないとでもいうのか。それこそが差別の思想だろう。そこのところを誤魔化して、奴隷制度を告発した映画であるかのように見せかけているのだからタチが悪い。世界中の善良な観客は騙される。

これでは、奴隷制度告発などではなく逆に階層の容認ではないのか。白人、自由黒人、黒人奴隷の三層構造を作り中間に自由黒人を置くことで統治を容易にしようというのだろう。この映画の主人公は自分では一人前のアメリカ国民のつもりだろうが、白人たちはそう認めているわけではないに決まっている。結局のところ、「白人にとって理想的な黒人」を作る企みが十九世紀から始まっていたということだ。

そして今もその構造は基本的に変わっていないのではないか。現在の黒人差別を描いたと紹介したい『フルートベール駅で』（13　ライアン・クーグラー）を観て、そう思った。二〇〇九年のサンフランシスコ近郊だから、ヒスパニック系、アジア系など多様な人種がいるし、黒人に対する露骨な差別があるわけではない。でも、地下鉄駅でささいな騒ぎを起こした時、白人警官は無抵抗の黒人青年をあっさり射殺するのである。

青年は二十二歳。妻と三歳の娘がいる。あまり褒められた生き方をしてこなかったのは事実で、クスリの売人などをしていた。年末の一日、その生活から足を洗い真面目に働こうとする姿がドキュメンタリータッチで丹念に描かれているだけに、その人生が警官の発砲で唐突に強制終了させられてしまう無念が伝わってくる。最も重要な人権である生存権が奪われたのだ。

先日の韓国訪問でオバマ大統領は従軍慰安婦問題を「実に甚だしい人権侵害」(それは否定しないが)と述べたが、フルートベール事件こそ、人権侵害の極みではないのか。まずそれをきちんと世界に恥じてみせて初めて、他国に説教を垂れることができる。ひょっとするとアフリカをルーツに持つ初の大統領だというオバマ自身が「白人にとって理想的な黒人」ではないかと疑ってしまう。

自由黒人は同胞である奴隷を見捨てて己だけ救われることについて日本人・剱木のようには悩まないし、白人警官は黒人青年に銃を向けることに迷いはない。アメリカ人って、ジレンマを感じたりはしないのだろうか。

「忠ならんと欲すれば孝ならず」とか「断腸の思い」とか「泣いて馬謖を斬る」とかの葛藤があってこそ文化だろう。アメリカという国が非文化的なのは、迷いや悩みを感じないことと関係しているのではないか。アメリカ映画で真剣に悩む主人公を見ないもの。

『とらわれて夏』(13　ジェイソン・ライトマン)は精神の安定しないシングルマザーとその彼女が暮らす家に逃げ込んだ脱獄囚とが恋に落ちるという奇怪なラブストーリーなのだが、ここでも、そんな異常事態に陥る展開について女も男もまったく懊悩するフシはない。本能の赴くままだ。

こういう非文化的な人々と同じ土俵で話ができるとは限らないことを、わが政治家たちは意識しているのだろうか。まあ、日本の政治家たちも、およそ文化的とは思えない輩ばかりだけれども。

（二〇一四年七月号）

ゴジラとなって暴れる「目先の正義」

今回のアメリカ版ゴジラは題名を『GODZILLA　ゴジラ』（14　ギャレス・エドワーズ）。制作費一六〇億円という超大作である。アメリカをはじめ世界中で大ヒットしているという。これに比べれば、着ぐるみの中に人間が入ってミニチュアの街を踏みつぶすわが特撮ゴジラなど戦車に竹槍で向かうようなものだ。しかし、竹槍の一突きには気迫が籠もっている。六十年前に誕生した『ゴジラ』（54　本多猪四郎）は、円谷英二特撮監督の巧みな造形で世界中を驚かせることになる。金さえかければ何でもできるコンピューターグラフィックス（CG）が使えなかったこの時代なら、いくらハリウッドでもあれだけの出来映えのものを作り上げることは無理だったに違いない。怪獣映画という発想と共に、特撮は日本のお家芸となった。

本家とは似ても似つかぬ巨大トカゲのようなゴジラ像でファンを失望させた最初のアメリカ版『GODZILLA』（98　ローランド・エメリッヒ）の製作に当たっては、アメリカ側が製作権を持つ東宝に対して、製作権をすべて買い取り、日本には今後一切ゴジラを作らせないといういかにも彼ららしい条件を提示する一幕もあったという。さすがに東宝もそれは飲まず、単発契約にしてお家芸の源を一応守りはした。なのに、東宝は『ゴジラ　FINAL WARS』（04　北村龍平）でこれが最後との「閉店セール商法」を使い、向こう十年間はゴジラ映画を製作しないと宣言する。どうやら……と睨んでいたら、果たしてアメリカでの第二作登場である。今回は日本版に近い姿のゴジラとなり、前作では日本漁船が襲われる場面しかなかったのに対し日本が重要な舞台になっているという。また、日本人俳優渡辺謙がメインキャストに起用されてもいる。

観て驚く。日本といっても舞台は「ＪＡＮＪＩＲＡ」という架空の町（雀路羅と書くらしい。そんな中国みたいな地名あるかよ）。そこに住む主人公一家は、原発に勤務して運転業務を仕切るアメリカ人科学者夫婦と彼らの一人息子だ。日本人の影は薄い。その原発が、大地震のような揺れに見舞われて倒壊する。実は地震ではなく謎の巨大生物ムートーの出現によるものだったと後に明かされるとはいえ、あの福島の事故を経験したわれわれには穏やかならぬ当てこすりにも見える。

まあ、そんな悪意はないのだろう。連中の感覚は、面白ければ何でもいいという娯楽至上主義だ。ムートーを追うゴジラのハワイ上陸では巨体が津波を起こし、逃げ惑うリゾート客たちを呑み込む。でも津波や原発事故はまだましな方だ。アメリカのお家芸、核兵器が無神経に扱われると黙ってはいられなくなる。

もともとゴジラはアメリカなどの原水爆実験で蘇生した原始怪獣であり、体内に原子炉並みの放射性物質を持つ。対してムートーは放射能をエネルギー源にしており、原始時代の先祖種はゴジラの先祖種に寄生して餌を得ていた。とまれどちらも、放射性物質を撒き散らす恐れのある生物だ。米軍には、六十年前ゴジラ蘇生を感知した際に核実験を装って核攻撃をかけまくり、かえってさらに強化させてしまった極秘の過去がある。にもかかわらず、ゴジラにもムートーにも歯が立たない現代の米軍は馬鹿のひとつ覚えみたいに核による決着をつけようとするのである。

五四年版で平田昭彦が演じたゴジラを倒す兵器を開発する科学者・芹沢へのリスペクトとやらで役名「セ

リザワ」の渡辺謙演じる生物科学者は、父を原爆で亡くした広島被爆二世という触れ込みで（それなら七十代の老人だろうに）、投下時刻の八時十五分を指した形見の腕時計を意味ありげに着けている。これが単なる表面上の装飾としか思えないほど、この映画は核兵器の使用及びそれによって引き起こされる放射能汚染に対して何も考えていない。相変わらず馬鹿だね。

この号が発売される頃には日本公開が始まっている。こんな代物を日本人が嬉々として観るとは信じたくないが、西部邁先生をして「ジャップ」と呼ばしめる昨今の日本の文化状況では決して楽観はできない。桑原桑原。まさか安倍首相、観に行ったりしないよね。

『プロミスト・ランド』(12　ガス・ヴァン・サント）は、『GODZILLA　ゴジラ』と正反対に「アメリカの良心」を匂わせる映画だ。こちらは、原子力発電の代替エネルギーとして期待されるシェールガスをめぐって話が進む。巨大エネルギー会社のエリート社員が主人公だ。埋蔵地へと赴いては住民を丸め込んで掘削権を安価で獲得する名人、という意味でのエリートである。電力会社社員で原発建設地買収の達人みたいなものですね。

また新たな田舎町へ行き、戸別訪問で地主たちから所有地内の掘削権を譲渡する内諾を着々と得る彼の前に立ちはだかるのは、これも外からやってきた環境保護団体の活動家である。シェールガス採掘に伴う深刻な水質汚染などの恐ろしさを巧妙にアピールする彼の動きは侮れない。自分の実家の農場が汚染で廃業に追い込まれた実体験を武器に、小さな町の人々を説得していく。そしてついに形勢を大逆転させるのである。

焦る主人公の元に、活動家の掲げるデータが捏造された偽のものであるとの証拠が本社調査部から届く。再逆転！　窮地にあった彼は狂喜する。しかしその時、驚愕の事実が明かされた。活動家は、本社が差し向けた偽物だったのだ。わざと彼の敵に回すことで一旦反対派を力づけ、全体の流れもそうなったところで本社がデータの嘘を暴き、元々の反対派ぐるみで心配する論拠を叩き潰すという高等戦術シナリオなのだった。

敵を欺くにはまず味方から。主人公はすっかり本社に操られていたのだ。自分の辣腕を恃んでいたのが、実は会社の手駒にすぎなかったと思い知る。シェールガス採掘の安全性を訴えていた信念も瓦解してしまった。これだけ手の込んだ仕込みをするということは、会社も安全性を担保できないからであるのは明白だ。日本の電力会社が本当のところは原発の絶対安全を保障できなかったように。

町ぐるみの掘削権譲渡が決定的な町民集会の場で、主人公はすべてを暴露する。当然、シェールガス話は消滅だ。クビになった彼は、この町に滞在するうちに知り合った女教師の家を訪れ、二人が結ばれることを暗示して映画は終わる。正義は守られた？ 目的のためなら手段を選ばぬのが「美徳」のアメリカにも良心はあった？ おそらく作者たちはそうした心持ちなのだろう。

たしかにどんな悪辣な手段でも平気なのがアメリカの論理。盗聴や謀略は日常茶飯事だ。安全保障とかTPPとかの外交交渉で、わが政府がこんな手に引っかかってなければいいのだが。なにしろ一九四一年の日米開戦前における両国の利益をめぐる駆け引きなんて、相手からいいように手玉に取られただけではなかったのか。

さりとて、この主人公の行動に拍手を送る気にもなれない。結局、会社に裏切られたことへの報復感情、女教師への恋愛感情を正義感という大義名分の中にくるみ込んだ自己満足にしか思えないのだ。この町は水質汚染に冒されなかったかもしれないが、会社は別の町で同じことを繰り返すだろう。同業他社も同じ穴の狢に決まっているから、総体としての環境汚染はまったく止まっていない。

多少抵抗したところで、新自由主義の跋扈するアメリカ社会の構造そのものに挑戦しない限り真の解決にはならないのである。目先の正義に満足している場合ではない。

（二〇一四年九月号）

自由を空爆する空虚な自由

アメリカの「イスラム国」への空爆が始まったのが八月、それから三ヵ月以上が過ぎてもこのイスラム教原理主義集団の勢いが衰える気配はない。この空爆は、イラク国内のイスラム国勢力圏において迫害虐殺される別の宗派のイスラム教徒を助けるためという大義名分で始まった。作戦名Inherent Resolveは「固有の決意」とか「生来の決意」とかいう意味なんだって？　相変わらず大仰だね。

外交、諜報、軍事、経済などあらゆる手段を使って「イスラム国」を弱らせ、最終的に壊滅させるというアメリカ及びそれに協力する有志連合諸国の意志を象徴しているんだそうだ。多く見積もってもたかだか二、三万の兵力にすぎない彼らを圧倒的戦力を持つアメリカが叩くのに、サウジアラビア、アラブ首長国連邦、ヨルダン、バーレーン、カタールの中東五ヵ国を含め多くの国々が有志連合として参加している。

あの時の作戦名は「イラクの自由」だった。二〇〇三年のイラク戦争。『イラク　チグリスに浮かぶ平和』（14　綿井健陽）は、その作戦が始まる十日前にバクダッド入りした日本人ジャーナリスト綿井健陽が現地で見聞したことを綴るドキュメンタリーである。開戦の日、ホテルの窓から空爆の様子を写した映像は実になまなましい。映画のプロが撮ったのと違いホームビデオ並みの撮影設備による荒い画面なのだが、それがかえって臨場感を増す。

暗夜、空からいきなり爆弾が降ってくる。イラク軍やフセイン政権関係の施設へのピンポイント爆撃とされているとはいえ、どこに落ちるかわからない。暗闇に突然閃光が走ると爆発、炎上する。米軍による東京空襲のリアルタイム映像があったとしたら、こんなふうだったのだろうか。あの時はB29の編隊による投下式爆撃だったから無数の機影が見え、そこから面的に爆弾が降って落ちたわけだ。

それが今では爆弾が標的に誘導されて命中するわけで、ミサイルと同じくどことも知れぬところから飛んでくる。強大な爆発力で防空壕も無力だろうから、バクダッド市民は逃げも隠れもできず、ピンポイント爆撃であることを信じて日常生活を営むしかない。わたしが製作した映画『戦争と一人の女』（13　井上淳一）では戦時下の東京で誰の頭の上に爆弾が落ちてきても仕方ない状況を描こうとして力足らず、結果たせていないが、ここには逃げ場のない町で空爆を甘受しなければならない人々の姿がある。

空爆するアメリカの方は、そんな経験ないものね。真珠湾にしろ世界貿易センタービルにしろ、予測できない奇襲だった上に二度と繰り返される恐れはなかったから。そして真珠湾の時はリメンバー・パールハーバーで日本本土無差別爆撃や原爆投下をためらわなかったし、9・11の時はテロの恐怖で厳重な検問を実施し、復讐に燃えた作戦 Infinite Justice（「限りなき正義」とか「究極の裁き」とかの意）を発動して〇一年にアルカイダとアフガニスタンのタリバン政権に対して容赦ない攻撃を加えた。

【Infinite Justice という表現にはイスラム法学上不適切な面があるとされ、後に Enduring Freedom「不朽の自由」と作戦名を改めている。】

まあ、常に何やら気取った作戦名を冠して自己正当化を図っているわけだ。なにしろ負ける心配のない戦争である。開戦二十日後の四月九日バクダッドは陥落、有名なフセイン像引き倒し劇が演じられた。

ニュース映像と違い綿井監督のカメラは一部始終を捉えているから、最初米兵が像に星条旗を巻き付けて歓声をあげ、それが周囲に居合わせた市民にとがめられ制止されて、あのイラク国旗を掲げての市民自身の手による縄掛けで米軍装甲車が牽引して倒す形になった経緯が明らかにされる。

そして、それまでもあった米軍の誤爆はフセイン政権打倒後も続く。カメラが追うのは、陥落翌朝の誤爆で七歳女、五歳女、三歳男の三児を一挙に失った一家のその後だ。朝食の準備をしている時に自宅子ども部屋を爆弾が直撃し、長女を除いて皆むごたらしい死を遂げた。占領軍に補償を求めてもたらい回しにされた挙げ句にうやむやにされてしまう。同様の例は多く、占領統治する米軍に対する市民の反感は高まっていく。

〇四年に暫定政府が出来、〇五年に移行政府が成立して新憲法承認、国民議会選挙実施があっても社会は安定せず、〇六年頃からイスラム教スンニ派とシーア派の間の宗派抗争が激化して治安は極度に悪化、連日爆破事件、銃撃事件が繰り返された。三児を失った父親は職を転々とする中、銃撃事件に巻き込まれて実弟を失う。さらには彼自身も銃撃されて死亡した。こんな調子で失われたイラク人の数は開戦からの十年間で十万人以上を数え、障害者は数十万人にも及ぶ。そのほとんどは非戦闘員だ。

戦時にはつきものの悲劇だと言ってしまえばそれまで。ただ、その背景にありもしない大量破壊兵器をあげつらったアメリカの一方的な攻撃があり、本当のところ「イラクの自由」なんかほとんど意中になく、フセインを血祭りにあげさえすれば後は野となれ山となれ的な発想でほったらかしの杜撰な占領政策があるのは明白である。要するに、イラク国民のことなど何も考えずに、勝手気ままに引っ掻き回しただけなのだ。バクダッド陥落時の米兵の科白「俺たちはイラクの人々を解放しに来たのさ」は、フセインを倒して解放はするが自由な社会を建設はしないという意味だった。

フセイン像倒壊現場で縄掛けをした若者やイラク国旗を掲げた男は、十年後こう述懐する。「あの時望んでいたことは何も得ていない」「独裁者でもイラク人はイラクのことを考えていた。アメリカはイラクのことなどまったく考えていない」。「サダムを歴史から消し去ることができた」「これが自由だ」と昂奮して倒れたフセイン像を足蹴にしていた男は、今のイラクには自由も民主主義もないと寂しく語る。

アメリカ人の大多数は現在のイラクのこうした状況をまったく知らないだろうし、興味もあるまい。で、イスラム国がシリアからイラクに侵入してきたとなると彼らから自由を奪われた人々を解放するために「生来の決意」で空爆するわけだ。誤爆を交えながら。世界の自由を守ると自任する思い上がりがどれだけ世界の迷惑になっているか一度確(しか)と思い描いてみるといい。

で、自由を守るためにはどんなえげつない手段を使ってもいいとする独善主義も恐ろしい。『ザ・ゲスト』（14　アダム・ウィンガード）は、息子をイラクで失った家族の許にその戦友だったという若者が訪ねて来るところから始まるスリラー映画である。最初彼を歓迎していた家族は、徐々にその恐ろしい本性に気付いていく。一家の娘は、本当に兄の戦友かどうかを確かめるために陸軍に問い合わせるのだが、それがさらに事態を深刻にする。

どうやら彼は、軍が秘密裡に開発した人間兵器であり、医学による人体改造の結果、超人的な肉体能力を持っているらしい。それが逃亡したというので追っ手がかかり、長閑(のどか)な西部の一軒家に重武装の特殊部隊が押し寄せ大銃撃戦となる。それが荒唐無稽とは感じられないから怖い。戦争に勝つためならどんな残虐兵器でも使用するのがアメリカなのは、原爆の使用に躊躇なかったことや、日本軍七三一部隊の開発した細菌兵器を機密事項として接収したことからもよくわかる。

中国や北朝鮮の軍事力が脅威であるのは否定しないが、最も強大な軍事力を持ち手段を選ばぬ行動をする国がどこであるかは、しっかり認識しておかなければならない。それに気付かないなら、それこそ平和ボケだ。

（二〇一五年一月号）

尊大な者も滅亡の危機の前では従容となる

イギリスの王子に娘が生まれたからとニュースもワイドショーも大騒ぎだった。王子ったたって女王の孫で皇太子の息子、その第二子が生まれたのをそんなに大きく取り上げる必要があるだろうか。王女誕生をめぐる馬鹿騒ぎを見ていると、つくづく日本人は欧米にコンプレックスがあるんだな、と思ってしまう。

で、今度は大分市の動物園が生まれた猿に王女と同じシャーロットという名前を付けたら「イギリスに失礼」と抗議が殺到したという。猿の名前くらいどうだっていいじゃないか。そんなことに目くじら立てていると、世界中の国々の国家元首や要人とその家族の名前を調べてチェックしなければならなくなる。女王の曾孫の名前が「イギリスに失礼」なら、どの国にだって「失礼」してはいけないではないか。

この命名を批判する理由に「イギリスの猿に日本の皇族の名前が付いたらどう思うのか」が多数あったらしい。「アイコ」とか？ そりゃあ、これ見よがしに嫌がらせで名付けられたら不快だろうが、地方の動物園の千何百頭もいる猿の一匹まで気にしてはいられない。こういう抗議をするのは皇室崇拝主義者でなく普通の市民なんだろう。皇族を思いやっているのでなく、「イギリス様に失礼」という欧米崇拝主義者じゃないのか。

安倍首相の訪米でも、随所で見せる態度や言葉はアメリカと対等という感じではなかった。プレスリーの真似をしてみせた小泉首相ほどではないにしろ、沖縄の基地問題といい集団的自衛権の説明といい、どこか相手に媚びている感じがするのは気のせいではないだろう。今回はオバマ大統領から大変な厚遇を受けたわけだが、厚遇されるにしろ冷遇されるにしろコンプレックス意識が透けて見えてしまうのである。

いや、首相だけを責める気はない。こうした媚びやコンプレックスはいろんなところにある。ラジオで安倍首相をバカ呼ばわりしたお笑い芸人が、首相主催の「桜を見る会」に招待されるといそいそ出かけ丁重に挨拶して仲良く記念写真に収まったのなどみっともない限りで首相を批判する資格はない。いいところはいい、悪いところは悪いと素直に認め、媚びたりへりくだったりすることなく自然にふるまえばいいのである。

何かというとアメリカやアメリカ映画の悪口を書いているわたしでも、『インターステラー』（14　クリストファー・ノーラン）のような映画を見せられると素直に脱帽してしまう。アメリカでしか作れない壮大な映画であり、多くの場合壮大さが過ぎて空虚に感じられるのと違い、緻密な組み立ての物語を知的刺激に満ちた仕掛けや理論を駆使して描き出す。

近未来、地球規模で環境変化と食糧難が起き人類は滅亡の危機に陥る。それを救うために移住可能な星を探索する宇宙プロジェクトが求められる。それを計画、実行するのはＮＡＳＡ……と、ここまではアメリカ映画お定まりの設定だ。だが、そこからが違う。コンピューター・グラフィックス（ＣＧ）を安易に使うことなく架空の星を表現し、宇宙への旅を臨場感溢れるものにする。

そして特筆すべきは、最新の科学に裏付けられた形で極めて難しい物理学上の課題が展開されることである。自転するブラックホールからエネルギーを取り出す「ペンローズ過程」、相対性理論の「事象の地平面」、ワームホール、「相対性理論における時間の遅れ」「重力の異次元移動」等々、物理が苦手のわたしには理解不能な言葉が頻出し、四次元、五次元の概念まで出てくる。

そんな難しい理論同士をきちんと辻褄合わせし、物理オンチのわたしにも楽しめる娯楽映画に仕立てているのだから参ってしまう。製作費的、技術的にアメリカでしかできない映画であるのはもちろんとして、こうした題材に挑む気宇、理論面に徹底してこだわる精神は口惜しいけれどわれわれは敵わない。こういうところがアメリカの凄味なのだろう。そこは認めなければなるまい。

しかし、『インターステラー』のように崇高な意識で作られた映画は、やはり少数派だ。これはイギリス映画だがアメリカでアカデミー賞候補になり結果は主演男優賞を得た『博士と彼女のセオリー』（14　ジェームズ・マーシュ）なんていうのは、難病で身体の自由を失いながらも宇宙の起源を研究するホーキング博士の夫婦生活を描いた覗き見趣味の有名人伝記映画で鼻白む。

『リベンジ・オブ・ザ・グリーン・ドラゴン』（14　アンドリュー・ラウ）は香港との合作で、香港の人気監督にニューヨークの中国人ギャングの世界を描かせる。一九八〇年代に米中関係が大きく改善される中、移民法が緩んだこともあり中国からの合法、違法の移民が急増した時代だ。まともな仕事にありつけない若者たちがいくつものギャング団を形成し、麻薬輸入、密売、密入国ビジネスなどの犯罪を働きながら抗争を繰り返している。

彼らが殺し合い自滅していく過程を実話に基づいて追っていくのだが、その背景にはアメリカ社会での移民、特にアジア系に対する厳しい差別がある。アジア人がいくら殺されようとまったく知らぬ顔の警察が、ひとたび白人に対する殺人事件となると徹底的に捜査し組織ごと壊滅させようと乗り出す。白人とそれ以外とでは「命のお値段」が露骨に異なるというのが如実に示される。それにしても銃とクスリの氾濫はここでもひどい。十歳の子どもに銃の訓練をさせ殺人を命じるのだからぞっとしてしまう。

『誘拐の掟』(14　スコット・フランク）は探偵小説の映画化。この探偵が刑事を辞めアル中になった原因は、犯人を狙って撃った拳銃の流れ弾で少女を死なせてしまった事故にある。さもありなん。犯人も刑事もやたら銃を撃ちまくるのがアメリカだから。また探偵の立ち向かう事件というのが異常者集団による猟奇連続誘拐殺人で、身代金を要求しておいて金だけ受け取り人質は惨殺する手口なのがやりきれない。なんとも殺伐とした気分になる。

『ギリシャに消えた？』(14　ホセイン・アミニ）は一九六二年のギリシャを舞台に男女三人の旅が扱われる。豪華ホテルに泊まり優雅な旅を楽しむ金満アメリカ人夫婦と思いきや、実はペテン師とその妻が、事が露見して組織に追われる逃避行の身であり、有名大学学生のギリシャ滞在を装う青年はアメリカ人旅行者にたかるチンピラだった。表面を繕っても下品さは隠せない。このへんが成金趣味っぽく見えて白々しい気持ちになる。

ペテン師は第二次大戦の欧州戦線で戦ったらしく、自分たちがヨーロッパを解放したとの自負心がほの見える。こんな観光客、ギリシャ人もあまり歓迎する気にはなれまい。しかも逃避行の途中に妻が横死するなど後味がよくない。話も大味で、「心を鷲摑みにする上質なクラシック・サスペンス」(宣伝文句）には到底見えなかった。

『インターステラー』で空想される地球滅亡が迫る近未来のアメリカは、銃をぶっ放す輩もいなければ下品な成金趣味も存在しない。人々は滅亡を前に、従容として暮らしている。でも、豊かで世界の支配者を気取るこの数十年のアメリカは常に尊大で排他的で暴力的だ。それに対し、断じて卑屈に媚びたりしたくはないものである。

集団的自衛権も沖縄の基地もＴＰＰも、あらゆるものがアメリカの言いなりになるような展開だけは勘弁してほしい。

（二〇一五年七月号）

自己弁護の「シンドラー」シンドローム

新国立競技場の迷走にエンブレムのぶざまな顚末と、実に情けない醜態が繰り広げられている。

まだ貧しさの残っていた五十一年前の東京五輪では、突貫工事で作業員に多数の犠牲が出たり高速道路や新幹線が景観を損なったりの「発展途上国」ならではの頓珍漢はあったものの官民一丸となってやり遂げようという意思は明確だったのではなかろうか。それが今では、政治家、官僚、マスコミ、ゼネコンや広告代理店など民間企業、そして当の建築家やデザイナーが責任をなすりつけ合い、結局誰の責任かをうやむやにしようとしている。

われわれの社会が、豊かさと引き換えにひたむきさを失ってしまう薄っぺらなものだったことを改めて思い知らされた。まあ、バブルに始まり公費による大手銀行救済、金融バブル、民主党政権のていたらく、アベノミクス……と先刻承知のつもりではあったが、五輪ごときでこんな有様とは。こんなことなら二〇一六年の招致合戦でブラジルのリオに敗れたように、二〇年もトルコのイスタンブールに譲ればよかった。どちらも「発展途上国」であり、その方が五輪を行う効果は明らかに大きい。

そしてこの社会の背後には、アメリカをはじめとする欧米社会という影が常に存在している。新国立競技場問題には、二〇一九年のラグビーW杯（ワールドカップ）、二〇年五輪、さらには二〇五〇年までにサッカーW杯をやりたいという願望が底にあった。いずれも、欧米主導の大会だ。それを「やらせていただく」ために、一九年に間に合わせる、IOCに公約した規模を守るというこだわりが建設方針を左右した。

一方で安保法制は、憲法に関わる国内最重要問題であるにもかかわらず、アメリカ上下両院合同会議で演説した安倍首相の「公約」に引きずられて進んでいる。安全保障をどのような形にするか、憲法改正を含めて国民全体で議論しなければならないはずが、問答無用といわんばかりの勢いで国会を通過しようとしている状況だ。

アメリカ、イギリス、フランス、ロシアに迫られて国を開き、ドイツを加えた各国から近代化技術を修得し、仏、独、露からの三国干渉に臥薪嘗胆して日英同盟と米の援助で日露戦争に勝ち、米英仏の側で第一次大戦に参戦、シベリア出兵と常に欧米の方だけを見て追随（とその裏返しの反発）を繰り返してきた近代史は、今も終わっていない。

ノーベル賞や世界文化遺産についても、そうだ。その挙げ句、先般の「産業革命遺産」をめぐる韓国との争いではユネスコ世界遺産委員会の議長国ドイツから窘（たしな）められた。そのドイツ、同じ第二次世界大戦の戦敗国でありながら、ユダヤ人や近隣諸国への謝罪や償いの優等生として、しばしば日本と対比される。左翼系メディアは、何かというと近隣諸国に対する態度をドイツに学べと説く。

でも、これまた欧米崇拝精神の産物ではあるまいか。そんなにドイツが偉いの？　近隣諸国に痛みを与えたのは同じだが、ホロコーストは壮大な民族淘汰であって戦闘に伴って行われた中国大陸での日本軍の行為とは根本的に異なる。これと比肩するなら、むしろ原爆使用ではないか。いや、原爆の犠牲者が最大六〇万とされるのに対し無抵抗の市民に対する組織的虐殺であるホロコーストは五、六〇〇万だから桁が違う。

日本軍最大の蛮行とされる南京事件ですら、その犠牲者数に諸説ある中で最大が中国政府の主張する三〇万人だとしても、それは圧倒的多数の中国軍捕虜処断を含むものであり市民を数百万人も機械的に殺していったものではない。もちろん虐殺は人数にかかわらず断じて許されるものではないが、ドイツとの間で謝り方を比較するのはおかしい。それぞれの場合に応じ、それぞれの国の判断と責任において行われるべきものであり、ドイツの真似をすれば日本が許されるなどという種類のものではないだろう。

その南京事件を映画化した独仏中合作映画『ジョン・ラーベ　南京のシンドラー』（09　フローリアン・ガレンベルガー）は、当時南京に駐在していた実在のドイツ人が先頭に立ち彼ら欧米人の奮闘により多くの中国人市民が救われたという物語である。ラストの字幕ではラーベたちは二〇万人の中国人を救い、日本軍は三〇万人を殺したとある。そりゃそうだ。中国政府が製作費の大部分を負担していると言われるのだから。

副題の「シンドラー」とはユダヤ人一二〇〇人をホロコーストから救ったとされるドイツ人実業家であり、世界的に大ヒットしたアメリカ映画『シンドラーのリスト』（93　スティーヴン・スピルバーグ監督）で知られる。つまり、ドイツ人が南京でシンドラーと同じ勇気ある崇高な行動をしたというわけだ。しかし『シンドラーのリスト』を作ったのはアメリカであり、こちらはドイツの自画自賛。自らがホロコーストを行っておいて「シンドラー」を名乗るのは図々しくないか？

南京事件までのラーベは忠実なナチス党員であり、シーメンス社中国支社長として現地人の無能を罵りながら経済活動に勤しんでいたのだが、急にヒューマニストぶりを発揮し献身する。どうやらこれはかなりフィクション交じりの話のようで、中国映画『南京！南京！』（09　陸川）で描かれるラーベの行動には限界があり、英雄となる『ジョン・ラーベ』とは違い結局失意のうちに国外退去していく。

ホロコーストの自虐から脱するため「善きドイツ人」をクローズアップしようとしたのだろうが、誇大に美化してはいけない。その点、ユダヤ系アメリカ人と日本人のハーフである監督を起用しているという十二月公開の日本映画『杉原千畝　スギハラチウネ』(15　チェリン・グラック)は「日本のシンドラー」をどう扱うのだろうか。

敗戦国の日独とは違い、中国は戦勝国の立場を七十周年記念パレードで誇示する。当時の国家主権は国民党政府が有していたわけだし、あまり自慢できる勝ち方でもなかったろうが、現在世界第二の経済大国になってみれば、勝ちは勝ちと威張りたいのだろう。そこへいくと、自国本土を攻撃されずいくつもの他国を解放した正真正銘の大戦勝国アメリカは鷹揚なものだ。目先の武威よりもそれを背景にしたカネの威力で君臨している。

『Ｄｅａｒダニー　君へのうた』(15　ダン・フォーゲルマン監督)は、アメリカの金持ちの桁違いの浪費をまったく悪びれずに叙述する。主人公は往年の大ヒット歌手で今は昔のファンを集めるショーでドサ周りの身だ。といっても大豪邸に若い美女と住み、彼女が浮気すればポンと家を与える。移動は自家用ジェット機と高級車、その高級車も気まぐれでホテルのドアボーイに贈る。もちろん、日常はクスリと酒に溺れている。

その彼が、とあるきっかけで初心を取り戻す旅に出て、女に産ませて捨てた息子に会いに行き痛烈に拒絶される。和解しようと懐柔するやり方が凄まじい。すべてはカネだ。リムジンを用意して息子一家を連れ出し、ＡＤＨＤ(多動性障害)の孫娘をその種の子どものための超一流専門校に莫大な寄付金の力で入学させる。その上、家に入りきれないくらい大量の玩具をプレゼントする。息子が難病と知ると、これも最高の治療を受けさせてみごと助けるのだ。いやはや。

でもこんな国を大好きなあまり妙なことをしでかす日本人もいる。リメイクされた『日本のいちばん長い日』（15 原田眞人）を観て驚いた。日本が下した苦渋の歴史的決断を描く映画だというのに、クレジットタイトルや章題にいちいち英語訳（外国用字幕ではなくオリジナル版に！）が表示されるのだ。敗戦を噛みしめるわが国の極めて重要な歴史反芻物語を、一体どこの国の人間に見せるつもりなのだろうか。あの名作、六七年の岡本喜八監督版と比してなんとも情けない。

（二〇一五年十一月号）

「ひとでなし」、人間社会に広がる無人機殺戮

【安倍晋三首相は十八日、神奈川県沖の相模湾で行われた自衛隊の観艦式に出席した。九月に成立した安全保障関連法に触れ、「もはやどの国も一国のみでは対応できない時代。さらなる任務を果たしてもらいたい」と隊員を激励。式典後には、米海軍横須賀基地に配備された米原子力空母ロナルド・レーガンを視察した。現職の首相が米空母に乗艦するのは初めて。】（二〇一五年十月十九日朝日新聞朝刊）

……って、朝日は批判しないのかよ！　とツッコミを入れたくなってしまう。この件については、毎日も、朝日より左寄りのはずの東京も同様の扱いだった。

いや、前段の話ではない。自衛隊の最高指揮官である首相が観艦式に出席するのもそこで訓示するのも当たり前の行為だ。問題はその後の米空母訪問である。なぜそんなところに行かなければならないのか？しかも、格納庫にある艦載機のコックピットに乗り込んで報道写真にポーズをとる姿まで披露するなんて。戦前なら、最高指揮官たる大元帥陛下が他国軍隊の空母に乗ってポーズをとるなど有り得ない話だろう。独立国家としての矜持を有しているのだろうか。しかも、先の大戦でわが国を壊滅させた相手である。昨年、小野寺防衛相が米海軍強襲揚陸艦マキン・アイランドに乗艦した際も、この人はタラワ島、マキン島

の戦闘で日本軍が玉砕した史実を知っているんだろうかと心配になった。タラワでは約四六〇〇人、マキンでは約七〇〇人の軍人、軍属がほぼ全滅している。しかもこの戦いでは、負傷して戦闘不能の者まで米軍が皆殺しにしたと言われているのである。

日本とアメリカが戦争したことを知らない若者がいる！　とあげつらう前に、首相や防衛相のこうした振る舞いをどう見るのか。たしかに彼らは日米間に戦争があったのは知っているだろう。しかし、それを民族の記憶として胸に刻んでいるとは思えない。わたしは先の戦争を肯定する気はないし戦争そのものにも反対だが、父母や祖父母の世代が果敢に戦い莫大な数の命を落としたことや、それがどんな相手との間のものだったかを決して忘れない。万が一マキン・アイランドなどという名の艦や原子力空母に乗る機会があったとしても、その際必ず過去の歴史に深く思いを致すつもりだ。ポーズなどとるものか。

日本政府ときたら、そのくせ「世界記憶遺産」に南京事件が登録されると、申請した中国と認めたユネスコに対し不快感を示し、一方でシベリア抑留を登録してもらってロシアから文句をつけられている。ユネスコへの不満にかられて分担金の削減や停止をちらつかせるに至っては見苦しい限りだ。前にも述べたように、なにも欧米中心の「世界」から認めてもらう必要はない。

しかもこれは本当は「世界の記憶」という名称であり、加盟各国が承認する「世界遺産」や「無形文化遺産」とはまるでレベルが違って、専門家集団が選考するだけのお飾り的事業なのに日本では「遺産」扱いして有り難がる。そんなものに登録されなくても、シベリア抑留はもちろん、大陸からの引き揚げ、特攻隊、孤島での玉砕……これらのすべてを「日本の記憶」として永遠に語り継いでいけばいいではないか。

原爆の投下、全国二〇〇もの都市への市街地無差別爆撃も忘れてはならない。原爆は言うに及ばず、砂漠に日本家屋の街を再現してまで実験し計画的に焼夷弾を使用したやり口は、他の都市爆撃とは悪辣の度合が違う。しかも、それを行った国は今も世界中で爆撃を繰り返しているのである。新しい手段は、爆撃機が撃墜されても戦死者が出る虞すらない無人機（ドローン）による空爆だ。

『ドローン・オブ・ウォー』（14　アンドリュー・ニコル）を観ると、その手口がよくわかる。無人機を操るのはラスベガスの空軍基地でも、飛ぶのは中東の上空。アメリカから見ればテロリスト、あるいはゲリラを掃討しようというわけだ。カメラで地上を監視し、操縦者は基地のテレビモニター越しに攻撃対象を発見すると標的にロックオンしてミサイルを発射する。そもそもゲリラ側はろくな対空兵器すら持っていないのだから、一方的な殺戮である。

その作業が行われるのは基地内にある殺風景なコンテナの中。人を殺すという行為に伴うべき厳粛な感情とはまるで無縁の空間である。そこにオペレーターとして配置された男女の軍人は、従来の任務とは違うバーチャルな戦争に戸惑いつつ機械的に仕事をこなしていく。戦闘機に搭乗してリアルな戦争に従事してきた主人公の空軍少佐は、現場感覚のない毎日に戸惑いを感じている。

ベテランパイロットである彼の技量は全然生かされない。なにしろ、上層部もこの任務のためにはテレビゲームの達人をスカウトした方がいいと発言するほどだ。基地を出るとそこはラスベガスの歓楽街、そして郊外の快適な住宅には妻子が待っている。すなわち、「戦場」へ連日出勤し退勤する日常なのである。

こんな日常的で一方的な戦闘生活に対する主人公の不満は募っていく。勤務時間の大半は攻撃対象の位置を探る空中張り込みのようなものだし、いざ攻撃となると時として無辜の子どもたちをも巻き込んでしまう。自ら機を操縦する戦場に戻りたいと切望する彼だが、どちらにしても敵を殺す行為に変わりはないじゃないかと、無敵米軍の一員でないこちらは冷静に考えてしまう。要するに実感を持てるかどうかの違いだけでやることは同じだ。操縦していても誤爆はあるし民間人を巻き込みもする。にわかにヒューマニスト気取りになられてもねえ。

ただ、彼のチームがＣＩＡの指揮下に入るようになるとさらにとんでもない展開になる。軍より戦闘的なＣＩＡは、テロリストを根絶やしにするためならどれだけ周囲を巻き添えにしても平気の平左だ。驚くのは、交戦中ではない他国であろうと、テロリストがいれば無人機で空爆する。おそらく、どこの国の米軍基地にもドローンは配備されているのだろう。ＣＩＡが必要と判断すれば、日本でもテロリスト狩りをやりかねないのではないか。

こんな国の軍艦に乗って愛想笑いしている場合ではない。相手の笑顔の陰にある底知れぬ恐ろしさを感知しているのだろうか。ついこの間もＮＳＡ（米国国家安全保障局）が日本政府などを盗聴していたことが明らかになったばかりではないか。

ところで最近知ったのだが、二〇〇一年九月十一日の同時多発テロの時「紐育空爆之図の壮快よ、われらかく長くながく待ちゐき」と詠んだ大辻隆弘という歌人がいる。「紐育空爆之図」は九六年に描かれた会田誠の空想画で、日本を襲った無差別爆撃の当事者を逆転させ零戦の編隊がニューヨークを火の海にしている図だ。この大辻の歌にわたしは共感する。これに対し石井辰彦なる歌人が「大いなる殺戮の日に……壮快、と叫んだ冷血漢（ひとでなし）もゐたけれど」という歌を発表して激しく批判したというが、それは的外れというものだ。

世界を力で制圧し、どの国よりも「大いなる殺戮」を続けてきた軍事大国が初めて大都市空襲に遭い狼狽する有様を見た時、力で支配する論理が崩れたことへの「壮快」という感覚なら、わたしも強く感じた。それを「ひとでなし」と言うなら言えばいい。圧倒的な力を振り回して無差別爆撃や核兵器使用、無人機空爆や盗聴を繰り返すのは「ひとでなし」ではないのだろうか？

（二〇一六年一月号）

WASPの独善と無知の果てに

去年の正月休みに安倍首相がご覧になった映画は、『バンクーバーの朝日』（14　石井裕也）、『ゴーン・ガール』（14　デビット・フィンチャー）。「首相動静」によれば今年は三本。『杉原千畝　スギハラチウネ』（15　チェリン・グラック）、『スター・ウォーズ　フォースの覚醒』（15　J・J・エイブラムス）、『海難１８９０』（15　田中光敏監督）だという。

『杉原千畝』は、第二次大戦中にユダヤ人に対し積極的にビザを発行して日本経由でナチスから逃れさせた結果六千人の命を救ったと言われ「日本のシンドラー」などと称される外交官を主人公にしている。シンドラーとは自分の工場で働くユダヤ人千二〇〇人を救ったとされるドイツ人事業家であり、『シンドラーのリスト』（93　スティーブン・スピルバーグ）により世界的に有名となった。

でも、杉原はれっきとした日本政府の外交官だ。しかも、極めて優秀な情報収集能力と分析力を有していたらしい。満州でソ連諜報機関と渡り合い、「Persona Non Grata（好ましからざる人物）」としてモスクワ赴任予定を入国拒絶されたのだから筋金入りだ。工場主の個人的行動とは違い、公人として判断を下しているはずではないか。決して甘っちょろいヒューマニズムではなく、彼なりに冷静に日本の利益を勘案しての行為だったに違いあるまい。

最近の低級なテレビバラエティ番組で「日本はすごい」「日本人は立派だ」と持て囃す軽薄さとはわけが違う。まさか首相は、そんなバラエティ並みの見方をして悦に入ったのではなかろう。戦時も現在も外務省の失敗が国を誤らせる怖さ、外交官の仕事ことに情報収集、分析の重要さを改めて認識してもらえたなら、この映画を観た価値がある。なにしろ独ソ開戦を予見した杉原の報告を上層部は無視し、戦後は退職勧告で辞職させ、没後五年の一九九一年にようやく外交官としての「名誉回復」を行ったのが、わが外務省なのだから。

また、『シンドラーのリスト』のスピルバーグ監督がユダヤ系であるのと同じく、この映画の監督がユダヤ系アメリカ人と日系二世の間に生まれたアメリカ人であることはきちんと認識しておかなければならない。われわれは彼らがナチスから受けた迫害物語に接し率直に心を痛めることだけで終わらず、現在も世界の争乱の鍵となっているユダヤ人が世界で政治的、経済的に占める位置についても十分意識しておく必要がある。

『海難1890』は、一八九〇年に起きた「エルトゥールル号遭難事件」と、一九八五年のイラン・イラク戦争の際、政府が救援機を出さなかったためテヘランに取り残されかけた在住邦人をトルコが救ってくれた話とが対になって語られる。前者では明治の紀州の貧しい村人たちがトルコ軍艦座礁転覆の大惨事から救助した乗組員を温かくもてなし、後者ではその九十五年後の恩返しがあったという日本・トルコ合作のストレートな友好美談だ。

首相は昨年十一月のトルコ訪問時にこの作品のダイジェスト版をエルドアン大統領と共に観て、「勇気と思いやりの物語だ。日本とトルコの重層的な絆を一層強めたい」との談話で後押ししている。元日にこれを改めて観たのはあながち悪いことではない。だが、トルコとの友好関係や明治の日本人の気高さにご満悦しているだけでは困る。そんなに「絆を一層強めたい」なら、アメリカの顔色ばかり窺わずに日本独自の意思で対ＩＳ、対クルド人、対ロシアなど困難な問題を多く抱えるトルコを外交面で助けてはどうか。

一八九〇年のトルコはオスマン帝国の時代である。十六世紀に中欧、北アフリカから中東まで広大な版図を誇った帝国は、衰えたとはいえまだまだ大国だった。劇中に出てくる地球儀でも中東を中心にかなりの領土を保っている。これを見れば二十世紀において欧米がイスラム圏をいかに侵犯したかが一目瞭然だ。トルコに思いを寄せるのだったらそれくらいのことは感じ、欧米一辺倒でいいのかどうかを考えたいものである。

『スター・ウォーズ』には付き合いきれないが、必要あって『００７』は観た。六二年の第一作以来二十四作目を数える最新作『００７　スペクター』（15　サム・メンデス）は、ご存知００７ジェームズ・ボンドが今やその宿敵となった悪の組織スペクターと戦う。冷戦時代、イギリス秘密情報部ＭＩ６のエージェントである彼の前には常にソ連の影があった。それがなくなった今、敵は世界の情報や経済を操る民間組織だ。国家という枠を超え、世界全体を支配しようとする。国家間の闘争や戦争でなく、得体の知れぬ組織の脅威を除かなければならない。００７の使命は大きく変化している。

冷戦期の古典的なスパイを描くのは『ブリッジ・オブ・スパイ』（15　スティーブン・スピルバーグ）である。一九五七年、核兵器開発情報を探るソ連の凄腕老スパイがＦＢＩに逮捕された。三年後の六〇年、今度はアメリカの新型偵察機Ｕ‐２がソ連の対空ミサイルに撃墜されパイロットが捕虜となる。この二人の「捕虜交換」が行われるのは六二年、前年に建設の始まったベルリンの壁が築き上げられつつある東西ベルリンが舞台だ。

そこにあるのは冷戦の悲惨な現実である。東西の境には東側のものものしい警備が敷かれ、壁を越えようとする東ベルリン市民は容赦なく射殺される。西と東の劇(はげ)しい経済格差も目の当たりにでき、東に生きる者の苛烈な状況が伝わってくる。そんな有様をよそに、富にあふれ繁栄の限りを尽くしているニューヨーク。アメリカは一度たりとも国土を対外戦争に晒したことがない。

それでも、よその国の中は徹底的に覗き見しようとする。撃墜されたU‐2は、現在のドローンの先駆けのような存在だ。有人だがスパイ飛行用にCIAの予算で開発された偵察用特殊カメラを搭載し、敵機の到達できない高々度を飛行するためパイロットは宇宙服のような気密服を着用する。映画の中では、撃墜されたら捕虜にならず自決せよとパイロットたちに自爆装置が渡されていた。なんだ、アメリカだって生きて虜囚となるなと命令していたんじゃないか。

五九年には米軍厚木基地配備のU‐2が日本の民間飛行場に不時着する「黒いジェット機事件」が起きている。U‐2は真っ黒に塗装されていた。警察の現場検証は米軍から阻止され、報道は管制され、写真を撮った市民の家には米軍の家宅捜査が入り……と、独立回復後にもかかわらずやりたい放題だ。気象偵察機と偽って、在日米軍でも運用されていた。そりゃそうだ、沖縄には核兵器も生物兵器も持ち込んでいたくらいだもの。

世界を見張り、世界を冷戦の前線にしながらニューヨークは繁栄、というのは『キャロル』(15 トッド・ヘインズ)も同じだ。こちらはもう少し前五二年の物語。富豪の妻だが夫との離婚訴訟中の三十女が、デパートの売り子をしている貧しい娘と恋に落ちる。たしかに女は、姑に従わせようとする高圧的な夫に支配され、過去に起こした女性同士の恋愛沙汰を咎められ養育資格に欠けるとして離婚するなら愛する娘への親権を認めないと圧迫を受ける。しかし、彼女の生活は巨万の富に彩られているのだ。

たしかに一九五〇年代は、「自由の国」アメリカでも女性の地位は低かったし同性愛などもってのほかだったろう。だが、アメリカ以外のほとんどの国は、女性の権利以前に人権そのものが抑圧されていた。いや、このヒロインの周辺には黒人の姿なぞ皆無だから彼らアメリカの有色人種だって哀れな状態だ。つくづく、ヒロインたちＷＡＳＰと呼ばれるアメリカ支配層は世界の貧困や不自由とはまったく無縁のところでものを考えていたのだと思い知らされる。

その無知と独善が、今やテロや難民を生んでいるのではないのか。いや、無知と独善を省みる様子もなく、さらに多くのテロや難民を生むのではないのか。

（二〇一六年三月号）

真に戦った者同士が抱く深い感慨

この本では、どうしてもアメリカ映画の悪口ばかり書いている。だが、日本では全国わずか九スクリーンで公開されほとんど話題にもならなかった映画『パシフィック・ウォー』（16　マリオ・ヴァン・ピーブルズ）は高く評価したい。

題名からすると、まるで太平洋戦争全体を扱った大作かのように思える。ところがこの作品、実はインディアナポリスという重巡洋艦の運命を史実に即して描いた物語なのである。原題は『USS INDIANAPOLIS: MEN OF COURAGE』、直訳すれば『合衆国艦艇インディアナポリス　勇気ある男たち』だろうか。邦題は明らかに誇大表示と言えよう。

映画は一応真珠湾攻撃の映像から始まる。やはりアメリカにとって、この攻撃の屈辱は相当なものがあったわけだ。被害からいえば二〇〇一年九月十一日の同時多発テロ事件より大きかったし、何より、それまで見下していた（いや、今でもトランプ大統領たちは見下しているはずの）有色人種から初めて大打撃を受けた屈辱感が強かったに違いない。

屈辱から始めてナレーションなどでその後の自分たちの底力による反撃の勝利を喧伝するのは、いつもながらのアメリカ対日戦争映画の論法だ。違うのは、勝利の陰でペリリューや硫黄島の激しい抵抗におののいた結果、本土決戦の大被害を恐れて原爆使用を決意するところまで率直に描いている点である。

原爆使用を正当化する論理？　それもあろうがここで強調されるのは、一方的大勝利が続くように見える中、米軍が日本軍をいかに強力な敵と認識し続けていたかということだ。プロローグが終わり、沖縄戦の支援艦隊旗艦としてインディアナポリスが初めて画面に登場するのは、神風特別攻撃隊の果敢な攻撃に晒されている状況下になる。熾烈な対空射撃をかいくぐって一機が舷側に突っ込み、主役となるこの艦は早くも損傷の憂き目に遭う。

修理のためサンフランシスコに帰港したインディアナポリスに、Ｂ29基地のあるサイパン諸島テニアンまで広島、長崎へ投下されることになる二発の原爆を極秘輸送する任務が与えられる。任務が任務だから、サイパン諸島までの制海権はあるにせよ護衛艦なしの単艦航海という過酷な条件だ。海軍大将を父に持つ生粋の海軍軍人である艦長マクベイ大佐は、従容として命令を受け入れる。

史実に基づくとはいえこれは商業映画だから、修理中の乗組員たちが休暇の間に繰り広げるありきたりな恋愛や家族のドラマが挟まれるのは仕方がない。だがその中にも、「戦争はビジネス」「国益のためにはどんどん戦争しなければ」と嘯く財界人たちや、黒人差別、身分差別といったアメリカの暗部がきちんと扱われている。

修理が完了し、多数の新しい乗組員を加えての航海中訓練で古参乗組員は新米を叱咤する。「規律正しい日本軍に勝つためには訓練しかない！」。この時一九四五年七月、沖縄も陥落し日本の敗勢は明白なこの時点でも、相手に対するある種の敬意が存在するのだ。わたしはもちろん戦争すること自体は完全否定だが、命を懸けて戦う者同士が抱き合う敬意には感銘を受ける。その反対がヘイトスピーチや差別主義だ。

己と異なる者に対し一切の敬意を持たず排斥する。わたしは現在のアメリカを嫌いではあるが、その国で誠実に自らの努めを果たしている人に対しては敬意を惜しまないつもりだ。

ここで、その敬意の対象たる日本海軍が登場する。伊号第五十八潜水艦。前年末に就役したばかりで、専ら人間魚雷回天搭載の任務に就いていた。深く信心する神道の教えを支えにして特攻兵器を発進させる任務の重みに耐える艦長橋本少佐の、部下から変人扱いされてまでの孤独な指揮官ぶりを、作者たちはアメリカ映画であるにもかかわらず懸命に伝えようとしている。

発見した輸送船に向けての回天発進場面が描かれ、搭乗員たちの真摯な決意、送り出す艦長の苦悩が的確に伝わってくる。日本映画での同種場面が悲壮感や劇的昂揚ばかり強調されるのに比べ、思い入れ抜きで客観的に進むぶん、かえって胸に迫る。発進体勢に入った搭乗員に「言い遺すことはないか」と伝声管で艦長が訊き、「ありがとうございました」とだけ返ってくるところがいい。

そして十数日後、輸送任務を終え再び単艦でレイテ島に進路を取るインディアナポリスを伊五十八は発見した。戦艦に見紛う大敵発見に回天搭乗員は勇んで発進を訴えるが、橋本艦長は通常魚雷で仕留められる距離であることを理由に退け、言葉通りみごとに撃沈する。これが日本海軍最後の輝かしい戦果であるのは間違いない。

ここから先は、マクベイ艦長以下艦から退去した乗組員たちの漂流苦難劇だ。「不屈のアメリカ人」物語になりそうな展開だが、そうはならない。助け合うどころか将校が兵を、白人が黒人を虐げ自分だけ助かろうとする醜い争いなどで次々と死んでいく。五日後ようやく全員が救助された時には、乗組員一一九九名のうち三一六名しか残っていなかった。

マクベイ艦長は部下を励ましつつ自らも生還したものの、軍法会議にかけられる。日本海軍では艦長は艦と運命を共にする不文律があり図らずも助かった者は不遇の扱いを受けるのに対しアメリカは違う、とされているのになぜ？　海軍首脳、さらには任務を命じた最高責任者であるトルーマン大統領の責任を回避するためだった。マスコミにはすべてが伏せられ、単なる一海上戦闘であるかのごとく処理される。

危険な単艦航行を余儀なくしたのは原爆輸送という国家機密を守るためだったし、救助が大幅に遅れたのもインディアナポリスの行程を秘匿したせいだ。海軍主導のテニアンと陸軍主導のレイテ島との陸海対立による意思疎通不全もある。それらを糊塗するために、艦長の操艦ミスと艦からの退去命令の遅れが指弾されることになった。

生還乗組員たちは艦長を支援したが死者遺族の怒りは大きく、艦長は有罪になる。組織のためと言い含められ、後に現役復帰し少将に昇進する代わりに判決を受け入れざるを得ない。退役後も遺族から責められ一九六八年に自殺している。映画でもラストで、先に亡くした妻の遺影を前にピストルで自分の頭を撃つ。

重要なのは軍法会議の過程だ。橋本艦長がアメリカまで召還され証言する。マクベイ艦長の操艦も退去命令も適切で、撃沈は不可避だったと。しかし、敗戦国の元軍人の証言など無視される。それでもマクベイは橋本に感謝し、二人は法廷の庭で真に戦った者同士にしかわからない感慨を抱いて対面した。もちろん互いに敬意を持ってであることは言うまでもない。

橋本は言う。軍人として（あなたの艦を撃沈したことは）後悔していない。しかし人として（あなたの大勢の部下を死なせたことを）謝りたい。マクベイは言う。軍人として（原爆を輸送したことは）後悔していない。しかし人として（その原爆が大勢の市民を死なせたことを）謝りたい。

終戦直後のアメリカの軍人にこう言わしめたところに、この映画の価値はある。調べてみると果たして、監督は白人ではなくアフリカ系アメリカ人だった。実はインディアナポリスと伊五十八との話は日本でも池上司作『雷撃深度一九・五』という小説になっているのだが、その映画化『真夏のオリオン』(09　篠原哲雄)はまるでこの映画に及ばない。

年末に真珠湾へ行き日米の絆を確認したという安倍首相が正月休みに観た映画は、『海賊とよばれた男』(16　山崎貴)に『ローグ・ワン／スター・ウォーズ・ストーリー』(16　ギャレス・エドワーズ)だ。そんなものよりこの映画を観て、アフリカ系のオバマ前大統領と「人として」どう戦争を考えるかをこそ話し合ってほしかった。

(二〇一七年三月号)

本土大空襲・大殺戮に怒ることを知らないフシギ・ニッポン

毎年八月十五日前後にＮＨＫは戦争ドキュメンタリーを連続放送してきている。今年も、ドキュメンタリー番組「ＮＨＫスペシャル」で一連の戦争特集が四日間にわたり繰り広げられた。十二日「本土空襲全記録」、十三日「731部隊の真実～エリート医学者と人体実験～」、十四日「樺太地上戦　終戦後7日間の悲劇」、十五日「戦慄の記録　インパール」という陣容だ。

中でも大きな話題を呼んだのは、「731部隊の真実」だろう。終戦直後、旧ソ連で行われたハバロフスク裁判の音声記録を発掘し二十時間を越える記録を初めて曝け出した。今まで十分には明らかにされていなかった細菌兵器開発の実態、また反日中国人やソ連人を「死刑囚」とし、細菌兵器開発の「実験材料」として扱っていた実態が克明に語られる。

加えてもう一方で元隊員の資料や当時の学術界の膨大な記録を踏査し、軍だけでなく学術界からも多くの研究者が部隊に参加していた事実を追及する。医学界におけるいわゆる軍学共同の体制は、母方の祖父が当時九州帝国大学医学部教授であり父がその下で学生だったわたしとしては、他人事めかしてひどい話だと指弾するには重苦しすぎるものがあった。

「インパール」は731部隊に比べれば戦後多くの資料や体験記があり、かなり広く知られているし、わたしも詳しいつもりでいた。ただ今回の番組は、戦後長らく未踏の地となっていたミャンマーとインドの間に位置する現地に初めてカメラが入り当時を知る現地人の取材に成功している。

さらに、新発見の一次資料や牟田口軍司令官をはじめとする将軍たちの戦後の告白テープで作戦過程の生々しい状況を伝える。戦後の平時とはいえ国の政策を立案し遂行する役人であった者としては、身につまされる感じもなかったわけではない。ことに、莫大な餓死、戦病死者のほとんどは下士官、兵であり、将校は死ななかったとの証言はキャリア官僚だった立場からすると複雑な気持ちだ。

この二作品は、主に保守とは反対の立場にある人々に絶賛された。前者は旧日本軍が行った残虐行為の証明であり、後者は軍首脳が兵士の犠牲を考慮せず無謀な挙に出たことの糾弾とすれば、さもありなんという結果だろう。たしかに見応えのある作品だったし、戦争という非常事態を前提に考えたとしても「学界政治」の在り方や官僚的意思決定システムに忸怩たる思いを抱かされた。

しかし、わたしが最も印象深かった作品は「本土空襲全記録」である。放送時は「本土空襲　～日本はこうして焼き尽くされた～」だったのに、なぜかNHKスペシャルのホームページではこう記されている。原題が刺激的だったのだろうか？　忖度が得意なNHKだし、と邪推したくなってしまう。

それはともかく、これは実に凄絶な記録だ。まず、アメリカ公文書館に保存されていたガンカメラ映像が紹介される。戦闘機に搭載され機銃発射と連動して撮影するカメラだから、B29のように高空からでなく至近距離での襲撃になる。話に聞く機銃掃射の恐ろしさが直接実感できる。人間も家屋も列車も、学校までも機銃弾が舐め尽くすのだ。民間人に対する一方的殺戮であるのがよくわかる。

そして米軍の記録を精査して分析し、「全記録」を見せてくれる。日本側が断片的に集めた空襲体験でなく組織的継続的にまとめられたものだから、正確な数値が表れる。それによると従来の日本側の認識よりはるかに多い二千回に及ぶ空襲で約四十六万人が亡くなったという。

本格的な本土空襲が始まったのはサイパンが占領されB29が配備された一九四四年十一月末からだが、最初は軍需工場など軍事施設だけを目標として精密爆撃を行おうとしていた。民間人を巻き込む無差別爆撃はハーグ条約で禁じられた非人道的行為だとの自制が働いていたのである。

一方で、米軍内部の問題があった。こちらは八月十三日にNHKBSで放送されたBS1スペシャル「なぜ日本は焼き尽くされたのか～米空軍幹部が語った〝真相〟」が明らかにしてくれる。第一次大戦で出現した航空戦力を陸海軍と同じく重要な位置につけようとして挫折した先駆者ウィリアム・ミッチェル准将の遺志を継ぎ、後に「空軍の父」と呼ばれるヘンリー・アーノルド元帥は第二次大戦での飛行機の活躍を力説し、陸軍内部に地上軍と対等の「アメリカ陸軍航空軍」を設立することに成功していた。

だが彼の野望は空軍の設立だった。そのためにルーズベルト大統領に取り入って莫大な航空機開発、製造予算を獲得するのだが、大統領はそれに見合う劇的な戦果を求めた。それが、四二年四月のドーリットル隊による無謀とも言える小規模東京空襲だった。これに成功したことで大統領の信望をさらに得たアーノルドは、B29の開発に全力を注ぎこれを対日戦の切り札にしようとしたのである。ウォルト・ディズニーは『空軍力の勝利』(43)というアニメ映画で、この構想を賛美的に描き協力した。

目論見は当たり、サイパンを基地にした日本本土爆撃のお膳立ては整った。精密爆撃の人道性も大統領を喜ばせた。ところが、最新技術を生かして成功するはずの精密爆撃はなかなかうまくいかない。航空軍優遇に不満だった陸軍地上軍や海軍からの批判が激しくなり、大統領や国民からも不審の目を向けられる。

折しも、海軍の艦載機が東京への爆撃に成功する。大統領の不満はさらに高まる。窮したアーノルドは、一転して無差別爆撃に踏み切るのである。理屈も何もありはしない。空軍創設の野望と保身が、非人道的作戦を採用させたのだ。しかも、かねて準備していた焼夷弾攻撃で殺戮を徹底するという方法で。

そして三月十日の東京大空襲が行われる。約十万の市民が火の海の中で命を落とした戦果がわかっても、無差別攻撃の手が緩められることはなかった。それどころか、以後も連日のように全国の各都市に大量の焼夷弾が投下され、「日本は焼き尽くされ」ていく。あまりの残虐な爆撃はアメリカでも大きく報じられるようになり、さすがに反対論が出たというが、その結論は焼夷弾の代わりに原爆を使うというとんでもない選択だった。

そう、あの悲惨で甚大な空襲被害はアメリカの手前勝手な思惑で起こされたものでしかない。番組の最後はこうだ。「……しかし、(アメリカが)戦争に勝利した後、被害を生んだ攻撃を検証し反省することはなかった」。その後もベトナムをはじめとする各地で無差別爆撃を繰り返すアメリカをナレーションで批判している。NHKスペシャル「本土空襲全記録」が一時間番組でやや物足りないところもあるのに対し、このBS1スペシャルの方は二時間枠で批判的姿勢も徹底している。

チェ・ゲバラと共に革命の夢を追った日系ボリビア人青年の行動を描いた日本映画『エルネスト』(17阪本順治)の中で、五九年に訪日して広島の惨状の記録を見たゲバラは日本人に向かってこう言う。「君たちは、アメリカにこんなひどい目に遭わされて、どうして怒らないんだ」

その通りだ。復讐するとか賠償を求めるとかでなく、何よりまず、ただ怒ればよかったのだ。それを戦後ずっと逃げていたために、今日の情けないまでの対米追従状況があるのではないか。わたしははっきりと怒りたい。

731部隊の「加害」と向き合うのも、インパール作戦の愚劣を省みるのも悪いことではないと思う。

自らの歴史から何かを学ぶのは意味がある。しかし、怒るべきものに対して本気で怒るのは、もっと大事なことではないだろうか。

（二〇一七年十一月号）

あとがきとして――父と寺脇先生と映画

西部智子

父は生前、ことあるごとに「寺脇君の『表現者』の連載は、とてもいいから本にするべきだ」と公言していました。『西部邁が支持したアメリカ映画論』の「あとがき」を依頼されたのは、今回のコロナ禍における休業要請の緩和が「ステップ２」の段階に進んだ数日後でした。

私が父の事務所に「お小遣い稼ぎのアルバイト」をきっかけとして入ったのは一九九五年のことで、雑誌『発言者』の発刊直後でした。その頃から『表現者』と誌名が変わった後も、原稿のタイトルや小見出しは執筆者自身に決めてもらうという編集方針でした。それは父の「書いた本人が一番、何を訴えたいかは分かっている。タイトルは執筆者が決めるべき」という考えからだったように思います。

父は昔から、執筆者をはじめとする仕事相手とは「酒場」で話す機会を得てから依頼をするということがほとんどでした。寺脇先生も映画関係の方や編集者がたくさん集まる店での会話で、信頼のおける人だと思い「アメリカ映画」について書いていただくことになりました。ただ、寺脇先生からいただく原稿はタイトルの部分がいつも空白でした。私は、仮にタイトルを考えなくてはと思いながらも、結局はプリントアウトした原稿をすぐ父に渡して決めてもらうという流れになっていました。父は「なんで俺が」とブツクサ言いつつも、語呂合わせや、原稿内に示された世相を反映するべく頭をひねるのが楽しかったのではないでしょうか。「寺脇先生の原稿です」と手渡しすると、すぐに取りかかってくれていました。

今回、改めて読み返してみると、その年に起こった事件や政治動向などが様々に思い出されます。映画に映し出されるお国柄、人間関係、政治的思惑を分かりやすく的確に寺脇先生は描写して下さっています。「真に戦った者同士が抱く深い感慨」とタイトルがついた『パシフィック・ウォー』の回は、映画を観る前から文章に感動してしまったのをよく覚えています。また、章立てにある「戦争」「暴力」「独善」「勝者」「差別」というキーワードのどれを取っても、今現在の巷から流れてくるニュースに当てはまるのです。

父は、若い頃は時間とお金さえあれば映画館に行っていたようで、たびたび地方での仕事があった頃は、新幹線に乗る時間が来るまでの短い間に映画の前半部分を観ておき、仕事から帰ってきてから後半部分を観に行くというようなことをよくしていました。私は学生の頃、それに付き合わされ映画館に一人取り残されるということがしばしばありました。神経痛が酷くなり映画館のシートにじっと座っていることが苦痛になってからは、自宅でＤＶＤやテレビで観る映画の話が、夫婦や親子の会話に多くのぼり、飲みの席などでは寺脇先生を含め同席する皆さんと、その話題になりました。

『映画芸術』佐高信×西部邁×寺脇研の座談会に出かけるおり、原稿用紙いっぱいに印象に残ったことや言うべきコメントのメモ書きをしていたことも思い出します。母が「お父さんは『映画芸術』の仕事に出かける時は嬉しそうね」と言っていたくらい元気な様子でした。座談会後の飲み会やカラオケも元気の源だったのではと思います。

志村けんさんの訃報から一年以上が経ちました。そのことで思い出したことがあります。子どもの頃、家族で観ていいテレビ番組は父が決めることになっていて、これがなかなか厳しく、観ることのできる番組は限られていましたが、ドリフターズの出ていた番組は例外でした。東村山市は小学生の頃に引っ越しをして、今まで一番永く住んだ土地ですので、『東村山音頭』が故郷の歌と言っても過言ではありません。数年前、テレビで何度目かの『鉄道員〈ぽっぽや〉』を二人で観ていた時に、父が「志村けん、うまいな〜」と一言。振り返って、泣いているの？ と聞きましたら「泣いていない！」と……そんないろいろな場面での「一言」を寺脇先生たちとお会いしていると、ふと思い出すのです。

【著者プロフィール】
寺脇 研（てらわき けん）
映画評論家、映画プロデューサー、落語評論家、京都芸術大学客員教授。1952年福岡市生まれ。東京大学法学部卒業後、文部省（当時）に入省。職業教育課長、広島県教育長、医学教育課長、生涯学習振興課長、官房政策課長、官房審議官などを経て、2002年より文化庁文化部長。06年退官。『韓国映画ベスト100』（朝日新書）、『新編ロマンポルノの時代』『昭和アイドル青春映画の時代』（以上、光文社知恵の森文庫）のほか、教育関係などでも著書多数。プロデュース映画作品として『戦争と一人の女』13、『バット・オンリー・ラヴ』16、『子どもたちをよろしく』20、『なん・なんだ』（21公開予定）、企画作品に『火口のふたり』19。

西部邁が支持したアメリカ映画論

2021年7月15日初版第1刷発行

著　者──寺脇 研
発行者──松岡利康
発行所──株式会社鹿砦社（ろくさいしゃ）
●本社／関西編集室
〒663-8178　兵庫県西宮市甲子園八番町2－1　ヨシダビル301号
Tel. 0798-49-5302　Fax.0798-49-5309
●東京編集室
〒101-0061　東京都千代田区神田三崎町3－3－3　太陽ビル701号
Tel. 03-3238-7530　Fax.03-6231-5566
URL　http://www.rokusaisha.com/
E-mail　営業部○ sales@rokusaisha.com
編集部○ editorial@rokusaisha.com

印刷所──中央精版印刷株式会社
ＤＴＰ──株式会社風塵社
編　集──企画室 弦　吉原秀則
装　丁──鹿砦社デザイン室

Printed in Japan　ISBN978-4-8463-1415-6　C0074